U0017002

胡適與韋蓮司：深情五十年

周質平／著

感　謝

中央研究院胡適紀念館

中國社會科學院近代史研究所

提供本書原始資料

‧1930年的韋蓮司（李又寧教授提供）。

120 Oak Ave.
November 2, 1914.

My dear Miss Williams:

Yesterday morning in our discussion on the subject of "toleration", I have presented only the oriental point of view in which I was trained in my early years of life. Time did not permit me to present the modern and occidental point of view. I wish to state this latter view in writing. Before doing this, I shall summarize what I consider to be the oriental view in brief outline.

The oriental view may be characterized as an "altruistic toleration", that is, toleration based on consideration or regard for

韋蓮司夫人此悟小兒累次書來迭及承 夫人厚愛

欵符周至并時時領享 盛饌飲和食德誼當雲

天郵以聞之私心銘感匪可言喻迺 夫人又屬覽

附筆手書謹賀春釐及平安喜慶之意人人多

挚之忱悃裁箋鳴謝代表遠遠并頌

夫人多受福祉

令良人并令媛前均此道候

　　　　集郵翁亮
　　　　胡××堂製箋儀×
　　　　　紀元四年四月二日

· 胡適母親在1915年寫給韋蓮司母親的信。

・1953年7月，胡適夫婦同訪韋蓮司於綺色佳。

Have you read the article on "Art of Asia" by Binyon in the September Atlantic? It is a general article, but is written by a very sympathetic critic. I think it will interest you.

The recent news of the alleged project of proclaiming a Chinese monarchy, have led me to write an article for The Outlook on "China & Democracy" which appeared yesterday. It seems that another revolution in China can't be avoided. The situation appears bad & discouraging. S. Hu

Best wishes

NAME AND ADDRESS HERE

Miss Clifford Williams
92 Haven Ave.
New York City

· 胡適在不同時期從不同地點寄給韋蓮司的信和明信片。

MOVABLE TYPE

· 1952年胡適任普林斯頓大學葛斯德東方圖書館館
長，攝於「一千一百年的中國印刷」展覽會場。

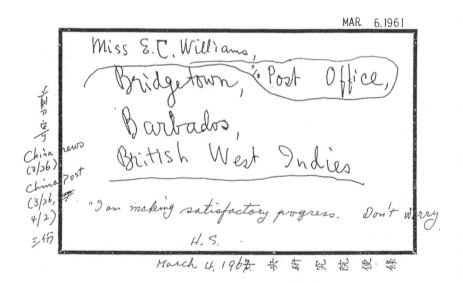

MAR. 6,1961

前刀字

China news
(3/26)
China Post
(3/26,
4/2)
三份

Miss E. C. Williams,
Bridgetown, Post Office,
Barbados,
British West Indies

"I am making satisfactory progress. Don't worry

H. S.

March 4, 196年 中 研 究 院 便 條

· 1961年3月，胡適大病之後，寫給韋蓮司的字條。

衣帶漸寬終不悔，

為伊消得人憔悴．

胡適

· 原件藏台北胡適紀念館。

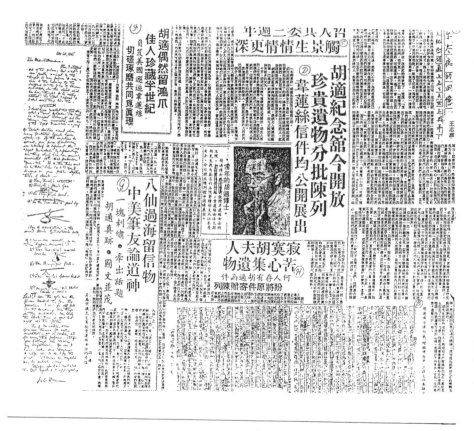

・胡適致韋蓮司信件第一次在胡適紀念館展出之報導
（1965年2月24日徵信新聞報）。

自　序

　　胡適 (1891-1962) 與韋蓮司女士 (Miss Edith Clifford Williams, 1885-1971) 的一段交往，在《胡適留學日記》中有零星紀錄。從這些片斷中已可看出，留學時期的胡適，在思想的發展上，曾受到韋蓮司一定的影響。

　　胡適在日記中，將韋蓮司描畫成了一個新女性的理想典型：人品高，學識富，特立獨行，不恤人言。能獨立生活而不依傍男子。胡適回國以後，在〈美國的婦女〉一文中，也曾以韋蓮司作為美國新女性的代表。多年來，我們對韋蓮司的了解，大致僅止於胡適所提供的這些材料了。

　　然而，胡適與韋蓮司的交誼並不止於胡適留學的那幾年，而是繼續了五十年，直到胡適逝世。胡適一生雖然交遊遍天下，但交情維持五十年的朋友，除趙元任之外，並不多。韋蓮司是這極少數中的一個。

　　最近，台北中央研究院胡適紀念館發現了兩百件左右胡適致韋蓮司的函電，就數量上來說，在已出版的《胡適書信集》或單印成書的《胡適給趙元任的信》或《胡適與楊聯陞論學書

札》，其中無一人收信的數量超過韋蓮司。就內容上來說，這批信件不但有知識上的討論，議題涉及哲學、文學、宗教、藝術、國際關係、家庭和婚姻等，這批材料也反映了胡適一部分的感情生活：他的相思、溫柔和寂寞，這是在其他書信中所不易見到的。

發宣言，打筆仗；批判舊傳統，提倡新文化是臺前的胡適，也是我們所熟知的胡適。然而，這個凌厲風發的英雄人物，也偶有月下燈前寫情詩、寄相思的時刻，也偶有情不自禁的徘徊與追尋。

傳記如果只寫傳主的臺前形象，則不免讓人覺得缺乏人格的縱深，使我們無從「尚友其人」。唯有從卸了裝，面對故人的那番傾訴中，我們看到了英雄的悲歡和哀怨。胡適在哲學史、《水經注》之外，畢竟也還另有一個天地！

本書得以出版要特別感謝胡適紀念館館長陶英惠先生。陶先生和我素昧平生，但在得知我有意整理胡適致韋蓮司的信件之後，全力支持，並慨允將館中所藏珍貴史料供我參考。他對史料處理的開明作風，和對我的信賴，是本書得以成稿的主要原因。我相信這一開明的作風，必能使胡適紀念館在推動胡適研究上，做出更大的貢獻。陶先生曾詳細審閱本書初稿，提出寶貴意見，並更正錯別字多處，使我受益良多。

紀念館中的趙潤海先生、萬麗鵑小姐和柯月足小姐在材料的搜集和整理上都給了我很大的幫助，尤其是柯小姐，真是不辭勞苦，在檔案室裡協助我找尋相關材料。我對他們的辛勞和熱心，致以誠摯的感謝。

中研院史語所的王汎森兄，特別為這批材料的發現，在所內舉辦了一次討論會，使我在成稿之前，有機會就教於專家學者，藉本書之出版，特別向汎森兄致謝。

本書所用1949年之前韋蓮司致胡適函件，全部得自北京中國社會科學院近代史研究所耿雲志先生，耿先生為此特請專人將韋氏函件自胡適檔案中檢出影印，供我參閱。隆情高誼，值得感念。

有關胡韋的交誼，我曾多次向余英時先生、夫人請教，他們的高見對我多所啓發，容我向兩位深致謝忱。

周策縱先生在得知我整理胡韋書信後，特別來函表示關切，並寄贈相關大作，盛情可感。李又寧教授慨允將她珍藏的韋氏照片附於書首，使我們得見韋氏當年身影。謹在此表示誠摯的感謝。

部分手寫原件，因年代久遠，又經影印，辨讀為難，幸賴Terry Tran，Victoria Su，Robin Workman及Jennifer Hunt四位同學協助打字校對，使本書能在短期之內成稿。在此，謹向她們表示由衷的謝意。

本書寫作期間，我正客居台北。東吳大學校長劉源俊先生、教務長蔡明哲先生、中文系主任王國良兄、政治系教授謝政諭兄及中文系林正三兄給我多方照顧，使研究寫作得以順利進行，在此一併致謝。

周質平 1998年3月1日
在普林斯頓大學

目　次

前　言

　　近年來，由於中國大陸政策的開放和史料的公開，對胡適研究有了很大的「提高和普及」。在過去十幾年之中，以胡適為題的傳記和著作，出版的已不下數十種。但在這龐大的出版品中，對胡適在美國的生活和交遊的情形則始終缺乏進一步的研究。

　　胡適一生，自1910年出國，到1962年逝世，前後在美國共生活了二十六年又七個月[1]。換句話說，胡適十九歲以後，他

---

[1] 現將胡適一生在美國期間，依時間先後開列如下：

第一次考取庚款留學赴美，1910年8月16日啓航，1917年7月10日回到上海。共七年。

第二次取道西伯利亞經歐洲赴美。1926年12月31日離開倫敦，1927年5月回到上海。共五個月。

第三次應芝加哥大學之邀赴美講學，1933年6月18日由上海起程，1933年10月回國。共四個月。

第四次赴美參加第六次太平洋國際學會，1936年8月赴美，同年12月回到北京。共四個月。

第五次為爭取盟邦支持抗戰赴美，1937年9月26日抵舊金山，1946

的成年歲月，有一半以上是在美國度過。作胡適的傳記，或編他的書信集和全集，而忽略了他在美國的生活、交遊和英文著作，那不能不說是一項重大的缺憾。

在胡適眾多的美國朋友之中，交誼維持五十年，並對他的思想有過重大影響的人並不多。艾迪絲‧克利福德‧韋蓮司女士（Miss. Edith Clifford Williams, 1885-1971）是這少數人中，最重要的一個。兩人初識在1913到1914之間，友誼一直維持到1962年胡適逝世。在胡適去世之後，韋蓮司繼續與胡夫人江冬秀保持聯繫，並整理胡適寫給她的英文書信，在1965年將信件寄贈胡適紀念館。

胡適與韋蓮司女士的交誼並不是一個新話題。晚近學者注意到這段歷史的有周策縱、徐高阮、唐德剛、夏志清、李又寧和最近的東京大學教授藤井省三等。

1962年5月，胡適逝世之後，周策縱先生為當時留美學人討論問題，發表意見的刊物《海外論壇》，編了一期《胡適之先生追悼號》，並發表了〈胡適之先生的抗議與容忍〉。在文

（續）─────────────────

年6月5日離美返國。凡八年八個月。

第六次赴美在1949年4月6日，1958年4月4日回台接任中央研究院院長，共九年，其間曾數度回台短住。

第七次赴美在1958年6月6日，同年10月30日回台，共四個月。

第八次赴美參加夏威夷大學主辦的「東西方哲學討論會」，同年10月8日離紐約返台。共三個月。

第九次也是最後一次赴美，參加在西雅圖華盛頓大學舉辦的中美學術合作會議，1960年7月9日離台，同年10月18日離美。共三個月。

總計以上在美居留期間，大約共二十六年七個月。

中，他指出，胡適留學時期，在思想的發展上，尤其是抗議與容忍的精神，受到韋蓮司的影響。這是第一篇嚴肅討論胡韋關係的學術性文字。

徐高阮的文章〈關於胡適給韋蓮司女士的兩封信〉收在他1970年出版的《胡適和一個思想的趨向》一書中，主要是就胡適在1914年11月2日和6日給韋氏的兩封信中，討論「容忍遷就」和「各行其是」的問題，說明韋氏在胡適思想發展上，所起的重要影響[2]。

唐德剛有關胡韋的交往一節，收入1978年出版的《胡適雜憶》，基本上唐先生將胡韋的交往「定性」在「異國情侶」這一基礎上，並指出在1915年1月的一次會面中，胡適「顯有所求而為韋女所峻拒」，而後兩人相約各專心致志於學業。最後真正「棒打鴛鴦」的則是極為守舊的韋母[3]。

夏志清為《胡適雜憶》作了一篇序，對唐文「峻拒」一節有所指正，認為當時「有所求」的不是胡適，而是韋蓮司[4]。

日本學者藤井省三在1995年12月寫了一篇〈胡適戀人E・克利福德・韋蓮司的生平〉連載在日本《東方》180號到182號上，用了一部分康奈爾大學的檔案及有關韋氏家族的一些材料，是目前研究韋蓮司女士及其家族較有系統的一篇文字，但

---

2 參看，徐高阮，〈關於胡適給韋蓮司女士的兩封信〉，在《胡適和一個思想的趨向》（台北：地平線出版社，1970），頁29-41。

3 參看，唐德剛，〈較好的一半〉，在《胡適雜憶》（台北：傳記文學，1979），頁189-195。

4 同上，頁12-15（夏志清序）。

與胡適關係不多[5]。今年藤井又改寫並中譯了這篇文章，冠以新題〈戀愛中的胡適—美國女友艾迪絲·克利福德·韋蓮司與中國現代化理論的形成〉，我見到的是打字稿。其中與胡適交往部分，所用仍是《胡適留學日記》，未見其他新材料。

據我所知，紐約聖約翰大學的李又寧教授多年來對胡適與韋蓮司的交往也備至關注，並曾親去綺色佳訪問當年韋蓮司女士的一些舊識。

對胡適與韋蓮司的交往要作進一步的研究，最重要的一批材料是胡韋兩人之間往返的書信。但這批書信，幾十年來，搜求為難。以致有關的研究，始終不能突破《胡適留學日記》的範圍。

最近台北中央研究院胡適紀念館，發現了胡適致韋蓮司信件、電報二百多件，及韋蓮司致胡適函近二十件，北京中國社會科學院近代史研究所理出韋蓮司致胡適函百餘件。並承紀念館館長陶英惠先生及近史所副所長耿雲志先生慨允，我才有得見這批材料的機會。本文的主要依據，就是新發現的這批信件。

在胡適傳記研究中，最受一般讀者關注的，大概是他的婚戀經過。但在材料不足的情況下，寫傳主的個人生活，容易流為閒話。隨意的猜測或想像對傳主是有失公允的。因此，在處理或解釋這方面的材料時，須要格外小心，稍一不慎，就成了

---

5 藤井省三，〈彼女はニエーヨーク・ダダ——胡適の戀人E・クソフォード・ウイソアムズの生涯〉共三篇，分別載《東方》180號，頁15-18；181號，頁9-18；182號，頁6-10。

揭人陰私或詆毀前人。

　　胡適是民國以來，提倡傳記文字學最力的一個人，他總是勸人寫傳記，編年譜，他認爲中國傳記之所以不發達，忌諱太多，正是主要原因之一。他在〈南通張季直先生傳記序〉中，有一段話，還可以作爲今天傳記作者的指南：

> 傳記寫所傳的人最要能寫出他的實在身分，實在神情，實在口吻，要使讀者如見其人，要使讀者感覺眞可以尚友其人[6]。

一個看不到私人生活的傳記，常使人覺得傳主「非我族類」，無從「尚友」。傳記作者基於「爲賢者諱」的古訓，極力爲傳主迴護、粉飾。結果把傳主裝點成了一個高不可攀，不食人間烟火的怪物，這樣的傳記並不是胡適所提倡的[7]。

　　傳記和小說是不同的，傳記是復活人物，而小說則是創造人物。不錯，好的傳記是歷史和文學的結合。但是文學的部分與其說是想像的工夫，不如說是剪裁的技巧。我們不能打著文學的招牌，無中生有，造謠生事。這種作法，套句胡適的話，不但誣古人，也誤今人。

　　處理胡適與韋蓮司的關係，稍一不愼，也容易走上想像與

---

6 胡適，〈南通張季直先生傳記序〉，在《胡適文存》（台北：遠東圖書公司，1968，共四冊），冊3，頁687。

7 以上這段，參看，周質平，〈吹不散的心頭人影〉，在《胡適叢論》（台北：三民，1992），頁231-233。

文采齊飛的道路。我在此則寧可多翻譯引用原始信件，而少做想像或猜測。因材料的本身最能說明事實，更何況這批信件是「出土文物」，能爲胡適研究注入新血。

許多人一提起胡適寫給韋蓮司的這批書信，很自然的就聯想到「情書」，抱著一種「窺秘」的心情，在字裡行間找尋胡適的男女私情，這當然是一種讀法，而且在單行間隔的打字稿達兩百六十多頁的材料裡，要找出一些纏綿和相思也並不是一件難事。但在細讀全部書信之後，我不得不說纏綿和相思並不是這批信件的主題。在1914到1917三年之間所寫近百封的信件中，知識上的討論遠多於個人的私情。年歲漸長之後，知識上的討論少了，而代之以兩人生活上互相的關切。

在胡適留學時期，韋蓮司在相當程度上，是胡適「知識上的伴侶」，但隨著歲月的推移，知識上互相的激盪減少了，而感情上的關愛增加了，韋蓮司成了胡適傾訴和感懷的對象。這個轉變可以從胡適行文的語氣和稱呼上看出一些端倪。在頭三年(1914-1917)近百封的信中，胡適行文的語氣始終是極正式而且客套的，在稱呼上除偶有一、兩次稱韋蓮司爲「朋友」(Friend, 1915, 11.6)或「親愛的河邊之友」(Dear Friend-of-the-River，案：韋氏紐約公寓臨赫貞江）之外，始終以「親愛的韋蓮司小姐(Dear Miss Williams)相稱。將英文信中的Dear一字譯爲「親愛的」，實在有一定的誤導。Dear是英文信中所有收信人的共同稱呼，並無特別親暱的意味。

胡適第一次在信中稱韋蓮司之名(Clifford)，而不用姓(Williams)是在1917年5月10日的一封信中，也是他離美返國前

的四十天，此後就不再稱「韋蓮司小姐」了。這雖是一件小事，卻頗能反映胡適的心理。他希望兩人之間能保持一定的距離。等到回國行期已定，行將分首，就不宜太過矜持了。

從胡適寫給韋蓮司的這批信件中，不但可以看出胡適早期思想形成的一些端倪，同時也反映了一部分胡適的感情生活。相信對胡適思想的研究和整個人格的了解是有幫助的。

艾迪絲・克利福德・韋蓮司
(Edith Clifford Williams)

在胡適留美七年(1910-1917)之中，韋蓮司女士對胡適思想發展起過重大的影響。胡適在《留學日記》中留下許多記錄，可以覆按[1]。他對韋女士人品之高、學識之富、以及見解之深刻都三致其意。當時在胡適朋輩之中，受到他如此稱揚

---

[1] 胡適在1939年5月17日寄給韋蓮司的一封信中，詳列了《胡適留學日記》共四冊(上海：商務，1947年初版，台北，1973年三版)中提到韋蓮司的部分，我曾仔細核對，與台北，商務，1973年版本吻合，計以下各頁可以參看：

第二冊：頁428-429；431；437；442-443；448-449；464-466；477(胡適原函誤為475)；484；522；524；535-537；553-555；558；

第三冊：頁625-627；628；653；654-655；658-659；667(〈滿庭芳〉詞，為韋蓮司所作)；749(〈臨江仙〉)；795-796(〈相思詩〉)；806-807；821-822；835-837(與韋母函)；842-843(與韋父函)；

第四冊：938；958；1136-1137；1147。

的，韋蓮司是第一人。在一封1915年5月29日的信中，胡適甚至稱韋氏為「可以導自己於正確航向之舵手」[2]（a steersman who can set me on the right course）。胡適是不輕易讓任何人做他的舵手的。從這句話可以看出韋氏在胡適心目中的地位了。

胡適留美期間，對一般美國大學生是沒有太多敬意的。在胡適眼裡「美國大學學生之大多數皆不讀書，不能文，談吐鄙陋，而思想固隘」[3]。而韋蓮司則「其人極能思想，讀書甚多，高潔幾近狂狷」。至於待人接物方面則「其待人也，開誠相示，傾心相信，未嘗疑人，人亦不敢疑也，未嘗輕人，人亦不敢輕之……與女士談論最有益，以其能啓發人之思想也。」韋蓮司在胡適眼裡，顯然是世無英雄中的一個「賢豪」，一個「益友」[4]。

在1914年12月7日的一封信中，胡適大談他與韋氏交往獲益之多，並提到：唯有用自己語言表達過的思想才能真正算是自己的思想。這個想法也是胡適「在百忙的學生生活裡那樣起勁寫劄記」的一個重要原因。和韋蓮司的通信是胡適許多概念從空泛模糊變到具體清楚的一個重要過程。在同一封信中，胡適寫了如下一段話：

---

2 以下所引原函，僅說明日期，不另註出處，信稿藏台北，中央研究院，胡適紀念館。

3 胡適，《留學日記》，頁557-558。

4 同上，頁428；555。

也許你不知道，在我們交往之中，我一直是一個受益
者。你的談話總是刺激我認真的思考。「刺激」
(stimulate) 這個字不恰當，在此應該說「啟發」
(inspire)。我相信思想上的互相啟發才是一種最有價
值的友誼。

胡適留學期間幾個重要的思想如「容忍遷就與各行其
是」，如「不爭主義」，如他對婚姻的態度，如他對國際事務
的看法等等；都曾和韋蓮司有過討論，許多文章在出版前後，
也都請教韋氏，而胡適對她的建議也多有採納。1916年7月9日
的一封信中，胡適請韋蓮司對他一篇得獎的文字〈國際關係中
有無武力之取代〉提出批評：

我希望你對〈武力之取代〉一文提出些批評，不只是
形式上的，也是內容上的。這篇文章中的許多意見是
你我共同思考所得，我真不知該如何感謝你，在此文
的初稿中，我試著比較基督教教義中的不抵抗主義和
老子以水為喻的不抵抗主義……老子把不抵抗主義視
為一種不可抗拒的力量這一概念是一年前，在我們談
話中，你向我提出後才想到的。我提出這一點是為了
說明，我接受了許多你給我的有價值的建議。

要進一步了解留學時期的胡適，他和韋蓮司的交往是不容
忽視的一個環結。胡適對婦女問題的看法，韋蓮司更是起過決
定性的作用。在1915年10月30日的一條日記中有如下一段：

NAME AND ADDRESS OF FATHER OR GUARDIAN.

SCHOOL LAST ATTENDED

ENTRANCE SUBJECTS	UNITS	MARKS
1. English A		
B	3	
2a. Greek Grammar		
2b. Xenophon	2	
2c. Greek Composition		
2d. Homer	1	
3a. Latin Grammar		
3b. Caesar		
3c. Latin Prose Composition	2	
3d. Cicero		
3e. Virgil		
4a. Elementary German	2	
4b. Advanced German	1	
5a. Elementary French	2	
5b. Advanced French	1	
6a. Elementary Spanish	2	
6b. Advanced Spanish	1	
7. Ancient History		
8. Modern History		
9. American History, Civics		
10. English History		
11. Elementary Algebra A		
12. Elementary Algebra B		
13. Advanced Algebra	½	
14. Plane Geometry	1	
15. Solid Geometry	½	
16. Plane Trigonometry	½	
17. Physics	1	
18. Chemistry	1	
19. Botany		
20. Vertebrate Zoology	½	
20a. Invertebrate Zoology	½	
21. Biology		
22. Physiography		
23. Agriculture		

First Year, 19

Second Year, 1911-'12

Third Year, 1912-'

Fourth Year, 1913-'

· 胡適在康乃爾大學的成績單(含頁13)。

(a) Dropped for failure to do satisfactory work

(b) Warned for failure to do satisfactory work

(c) Warned and referred to Dean for failure to do satisfactory work

(d) Leave of absence granted from

(e) Copy of record to date given on

(f) Honorable Dismissal granted on

(g) Cornell interposes no objection to entrance elsewhere upon records as given.

The record on the opposite side and above is correct.

.... 19....   ....Registrar.

When a student has been dropped (a) or referred (c), he cannot secure an honorable dismissal (f) until the beginning of the corresponding term of the next year. But see (g).

APR – 9 1991

EXPLANATION.—"i" indicates incomplete, see department; "R," passed by Regents; "C," passed on certificate; "B," pass on College Board; "ad," credit from another college; "E," excellent; "G," good; "Cond.," condition; "F," or o to 40 inc., failure; 41 to 59 inc., a condition; 60–100, a pass; "D," dropped; "W," withdrew; "1," pass; "a," absent and "—," no mark reported by department. "**" before a grade indicates the "first" or "second" term although placed in the opposite column. "*" that professor desires to see student personally; "N" that submitted credentials do not cover this required subject; "No," that professor refuses credit on credentials submitted.

　　吾自識吾友韋女士以來，生平對於女子之見解為之大
變，對於男女交際之關係亦為之大變。女子教育，吾
向所深信者也。惟昔所注意，乃在為國人造良妻賢母
以為家庭教育之預備，今始知女子教育之最上目的乃
在造成一種能自由能獨立之女子。國有能自由獨立之
女子，然後可以增進其國人之道德，高尚其人格。蓋
女子有一種感化力，善用之可以振衰起懦，可以化民
成俗，愛國者不可不知所以保存發揚之，不可不知所
以因勢利用之 [5]。

將婦女教育之目的，由「良妻賢母」，變而為獨立自由之人
格，不但對胡適個人有重大的影響，即使在中國婦女解放的過
程中，也是一個重要的里程。換言之，是韋蓮司使胡適理解
到：婦女教育的最高目的，並不是為丈夫或家庭服務，而是要
教育出一個獨立自由的高尚人格。這成了中國婦女解放的新目
標，新理想。

　　胡適在他的英文自傳《我的信仰及其演變》（*My Credo
and Its Evolutin*）中，曾特別指出：由於韋蓮司的介紹，使他得
讀Morley的 "On Compromise"，而此文成了胡適「一生之中，
最重要的精神影響之一」（One of the most important spiritual

---

5 胡適，《留學日記》，頁806-807。

influences on my life）[6]。當然，這個最重要的影響，間接是來自韋蓮司。

這樣一個對胡適早期思想起過重大影響的美國女子，我們對她的生平所知，一直局限在《胡適留學日記》中一些零星的記載。

1965年，韋蓮司應江冬秀的要求，寫過一篇簡單的自傳。這篇自傳雖然簡短，但對她自己的一生卻有概括的敘述，對了解韋蓮司，是一件重要的材料：

韋蓮司女士自傳

艾迪絲‧克利福德‧韋蓮司（Edith Clifford Williams），1885年4月17日生於紐約州綺色佳市（Ithaca, New York），從1892到1904她家在康奈迪克州新港（New Haven, Connecticut），此後一直住在綺色佳。父親H. S. Williams生在綺色佳，他和他父母都是新英格蘭（New England）人。父親1868年從耶魯大學（Yale University）畢業，1871年獲得耶魯博士（Ph.D.），他是耶魯大學和康奈爾大學地

---

6 Hu Shih, "My Credo and Its Evolution", in *People's Tribune* (Feb. 16, 1934), p. 231-32；收入周質平編，《胡適英文文存》（台北：遠流，1995），共三冊，冊2，頁583-84。

質學和古生物學教授，也是美國政府的調查團成員，對地層學（stratigraph）等作了深入的研究。她母親也是新英格蘭人，在早期〔與胡適〕信中曾提到過她，她在社交上極有天賦，她將她的一生奉獻給了她的家庭。

艾迪絲‧克利福德‧韋蓮司所受正規教育並不多，一部分來自家庭教師和私立學校，也有一部分來自新港和紐約的藝術學校。她最有價值心智上的訓練得自她從小和父親親密的相處，這個關係一直維持到1918年，她父親逝世為止。她曾在歐洲和美國各地多次長期旅遊。雖然，在她早年，透過家庭朋友和藝術作品，她對遠東並不陌生，但她卻從未去過遠東。

與青年學生胡適的友誼是從他在康奈爾做學生的時候開始的，他們的聯繫雖曾中斷多次，但友誼卻維持了一輩子，直到胡適逝世。在他們交往的第一年，韋蓮司對藝術創作極感興趣，而此時在藝術上各種新的嘗試也正盛行。

韋蓮司在紐約學習藝術期間，和一個女記者同住在海文路92號（92 Haven Ave.）這個公寓後來由胡適和另一個朋友頂租下來。

後來，由於家庭情況的需要，韋蓮司決定完全放棄她的畫作。她在藝術創作上，並沒有太大的天才，她眼高手低（案：原文直譯是「品味和想像超過能力」）。所以放棄藝術創作的這個決定，對她並無所失。

1920年，在她父親和姐姐死後，韋蓮司受聘為康奈爾大學圖書館館員，她在那兒一直服務到1946年。差不多就

在這個時候，她負起整理家庭檔案的責任，並把這些檔案
捐給了康奈爾大學。這個經驗對她後來整理胡適的信並捐
贈給中央研究院是有幫助的。

從1960年起韋蓮司遷住到了巴貝多（Barbados），非正
式的還繼續為康奈爾大學檔案館的工作忙碌。

韋蓮司用第三人稱的方式寫自傳，她要把自己隱藏在胡適
的背後。在自傳的最後，她加了一個補充說明：

> 我相信這些資料已遠遠超過所需。我是一個極害羞的
> 人，而實際上又沒有任何重要性。我非常希望不要公
> 開我的身分，我無非只是一個幸運的胡博士書信的接
> 收者，而這批書信也生動的取代了日記。

E.C.W. was born in Ithaca NY, Apr. 17, 1885 / Father, H.S.W., he
was also born in Ithaca, graduated from Yale Univ. 1868, getting
PhD in 1871. He was professor of geology and paleontology at both
Yale & Cornell, becoming head of the dept. at Cornell. He was a
member of the U.S. Geol Survey for which he did extensive research,
stratigraphy, etc. / Mother, mentioned several times in the letters, was
a woman of strong character, with great social gifts and devoted to
home and family. / E.C.W's formal education was slight — tutor,
private schools, and art school. Her most mental train
came thru close association with her father from early childhood
until his death in 1918. There were trips & sojourns in Europe
& U.S. — never to the 'Far East' which was early familiar
thru family, friends and art.

Friendship with young student Suh Hu began during his student
days at Cornell and continued thru many lapses in communic.
until his death. In the first years of acquaintance E.C.W. was
interested in the creative arts. At this period new explorations
'in the air'. While studying for a while in N.Y. she shared, with a
newspaper girl, the apartment. Suh Hu and his friend
at 92 Haven Ave. When family need arose and a decision was
necessary, painting was dropped completely. E.C.W. had no great gift
— taste and imagination outran capacity.
After death of father & sister she was given post of librarian in charge
of a Cornell college library and served there until 1946. At about that
she became responsible for the examination and dispersal of family
papers to the C.U. Archives. This experience helped consideration
her own letters from Dr Hu now donated to the Academia Sinica.
Since 1960 E.C.W. has been living in Barbados and is still occupied
unofficially in work for C.U. Archives

I am sure there is more than enough information. I am a very shy per.
Actually if would greatly prefer no reference be made to me other than as the person
recipient of the letters becoming in this way a sort of lively substitute for a diary.
J. Hu

在愛慕與矜持之間

細讀了胡適在美留學七年相關的中英文材料之後，我可以很確定的說：胡適對與江冬秀的婚約，在留美期間，從不曾有過二心。

韋蓮司的出現當然是一個強力的引誘，但是這個引誘始終沒有對胡江的婚約造成過任何威脅。胡適與韋蓮司無疑的都深深的欣賞對方，愛慕對方，然而雙方也都清楚的了解：我們的關係只能止於朋友。但這樣的了解並無礙於胡適對韋蓮司表示愛慕之情。

1914年11月26日，韋蓮司在一星期以前去了紐約，胡適從綺色佳橡樹街120號（120 Oak Ave.）寫信給她：

> 我親愛的韋蓮司小姐：
>
> 你離開綺色佳已一星期了。我想你已安頓下來，並懷著新的精神和展望，開始了你的工作。
>
> 上周四的夜晚，我深感悵惘，寒風吹落了窗前所有的柳條，竟使我無法為一個遠去的朋友折柳道別。我甚

至連照片都沒有拍一張。

我簡直無法表示在過去幾個月裡——多麼短暫的幾個
月啊！——我是如何的沉浸在你的友誼和善意之中。
我不知道在此邦我這麼說是不是不合適——一個朋友
對另一個說，她曾經是他最感念，也是給他啓發最多
的一個人，要是這麼說有違此地的社交規矩，那麼，
我相信，這個社交規矩的本身是不對的。

今天，我在你家吃了感恩節晚餐，我們都很盡興。可
是我也覺得很難過，因為你無法和我們共渡。韋蓮司
夫人舉杯祝願所有不在場的家人和來客的家人，有的
在古巴，有的在紐約和布魯克林，有的在喬治亞，有
的在蘇格蘭，也有的在中國。我們都衷心的祝願他們
健康。我希望你的感恩節過的和我們一樣盡興。……

上引這封信的前半，可以視爲胡適在留學時期，給韋蓮司信中
的「艷體」。此時胡適的「奔放」，似乎僅止於此了。相思是
有的，至於進一步的關係，似乎並不是胡適所敢爲，所願爲
的。

1914年12月31日，胡適由俄亥俄州哥倫布市（Columbus,
Ohio）參加第八屆世界學生總會年會（The Eighth Covention of
the Association of Cosmopolitan Clubs）回到綺色佳，收到了韋
蓮司由紐約寄來的新年禮物，他在1915年1月3日寫了一封謝
函：

親愛的韋蓮司小姐：

我是31日回來的。世界學生總會的年會很成功。我發

了許多議論，我非常高興。

我回來那天，打電話到你家，發現你已經去了紐約，我真是失望極了。新年那一天，我吃完中飯回來，驚喜的發現桌上有個大包裹。打開才知道是你寄來的精美盆景和賀年卡。我真心的感謝你對我這麼好。

那天晚上，韋蓮司夫人請我去大學俱樂部，我們曾在那兒吃過中飯。我跟她一塊走回家，在你家裡談了近三小時，談的痛快極了。我們談宗教，談文學，談婚姻的習俗。這是我多年來過的最好的一個新年！

我大約18日去波士頓。卜朗吟學會19日開會。要是我有時間的話，我打算繞道紐約回來，大約20日可以到紐約。要是這樣可行，我會去紐約看你。要是一個藝術家的畫室是可以讓「外人」參觀的話，我想看看你的畫室。

　　從現有的信件和日記等材料中，我們可以看出，胡適不僅僅是韋蓮司小姐的朋友，也是韋蓮司家裡的常客，亦即英文所謂的「家庭朋友」（family friend）。胡適也偶爾直接寫信給韋蓮司教授和夫人[1]。

　　1915年1月18日，胡適應波士頓卜朗吟學會之邀，從綺色佳去波士頓發表〈儒教與卜朗吟哲學〉一文。22日，與韋蓮司

1　在《胡適留學日記》中，還保留了一封給韋母的信（頁835-37）；一封給韋父的信（頁842-43）。

女士參觀紐約大都會藝術博物館，下午一點到韋蓮司住處午飯。
第二天下午，又去韋蓮司住處。胡適在日記中有詳細記載[2]。

　　1月24日上午，胡適從紐約回綺色佳，在回程的火車上，
他寫了一封信給韋蓮司，其中提到：

> 我真懊惱，由於我的粗心大意，昨晚竟沒能和你在一
> 起渡過。
>
> 我衷心的感謝你，為我所花寶貴的時間，從你我的談
> 話和相會中，我感到非常快樂。

那一晚，據胡適留學日記記載，是住在哥倫比亞大學宿舍，並
與嚴敬齋、王君復、及鄧孟碩三人夜話，以至失去了與韋蓮司
話別的機會[3]。

　　第二天(1月25日)，胡適又寫了一封相當長的信給韋蓮
司，談的主要是一個朋友脫離教會和他自己打算學日文的事。
但信的開頭是這麼寫的，很可以看出當時兩人的感情和通信的
頻繁：

> 雖然在過去四十八小時之內，我已寫了兩封信和一張
> 明信片給你，但我還是忍不住要寫這封信！

我所以不憚其詳的敘述這次聚會的前前後後，因為由這次聚會
不但引出了文前提到唐德剛與夏志清的猜測，也引起了韋老夫
人的不快。

　　2月1日，胡適寫了一封手稿長達十一頁的信給韋蓮司，細

---

2 參看《留學日記》，頁512-25。

3 同上，頁524。

述韋夫人由這次造訪所引起的一些疑慮：

> 我誠摯的感謝你在1月30日信中的剖白，這封信一小時之前剛到。
>
> 你絕無需向我道歉，倒是我應該向你致歉和解釋。
>
> 上個星期二，我在講述這次〔波士頓、紐約〕之旅的時候，我向你母親說到，我兩次去你公寓看你。她問我，除了你我，還有沒有別人在場。我告訴她，楊（Young）先生和太太星期五在那兒，可是星期六下午，我們是單獨相處的。她說：「啊，這個，胡先生，要是這裡的人知道了這件事，他們可要大不以為然了。」（我不能確定她所用確切的字眼）我告訴她，這個我很了解，但是我們並不是整個時間都單獨在一起的。我打了電話給張彭春，請他一塊兒來喝茶。這個解釋顯然讓她放心了些，她謝謝我跟她說了這件事。那時我以為〔我這麼說〕可以省掉你一頓怎麼做才「得體」的訓斥，卻沒料到，這反而為一個老話題添了新材料了。
>
> 我並不是為了要讓她放心才這麼說的，我說的是實話。我是不是應該告訴你，在你說了要是張彭春來（在你看了我的條子之後），我們應該立刻烹些茶之後的想法？我想的是這樣的：「要是彭春來，那就正好，因為我們那時是兩人獨處。」我清清楚楚的知道，你說那話的意思並不在提醒我，你我當時是獨處。可是那個念頭在我腦際閃過，我跟自己說：「對

她（你）來說，這樣鄙夷世俗的規矩是完全正當的：因
為你是超越這種世俗規矩的。可是，我卻不應該把你
變成別人批評的對象。」

是的，我打電話給張先生的時候，我倒希望他能來——
這並不是我相信世俗的「禮」的觀念（要是我真有那
樣的想法，我就不會在你那裡待的這麼久）；也不是
因為我不喜歡跟你在一塊兒，與你談話，共同思考問
題。（你知道我是樂在其中的！）；也不是你「略顯無
禮」的舉止；而是因為我突然之間意識到這是不對的
——至少是考慮的不夠周到——明知故犯的把自己的
朋友，變成別人批評的對象（就如你母親所做那樣的
批評），即使他深知他的朋友是完全無視於這樣批評
的！苦行僧也許無視於痛苦，然而，他的朋友卻無理
由將痛苦加諸其身。

以上這幾頁都是不應該說的話，可是，我還是說了。
因為你怕我可能對你無心的「略嫌無禮」的舉止或動
作有所誤會。你所擔心的事，完全是無稽的。這都怪
我的良知（在讀了你的信之後，這都顯得有點「俗
氣」，要是「俗氣」這兩個字還不嫌它太溫和的
話）。

要是我已經把意思說清楚了，請你把信撕了，並且把
它忘了。

就一方面來說，我又很高興，事情是這樣發生了。因
為這給了你一個機會，用自己的話來表達，你認為禮

的基礎是什麼。

你把自己的思想表達的強而有力，而且不落俗套。雖然我用了不同的話說明了我對友誼（男人與男人，同時也是男人與女人之間）的看法。過去四年來，我至少受了一些康德思想的影響：「無論是對你自己，還是對別人，在任何情況下，都要將人道本身視為一個目的，而不僅僅是個手段。」用我自己的話來說，就是：「永遠不把一個男人或一個女人視為可以玩弄的東西，並以之為達成自私或不純潔目的的手段。」這句話的中心思想是尊重每一個人，並將這種感覺升華為一種敬意。我相信這種敬意是防止語言上的猥褻，思想上的不純，以及舉止上的不宜最好的辦法。總而言之，這可以防止一般所謂的「非禮」。

我所說的「敬意」只是你所說的「用意志的力量把注意力轉移到友誼的更高層」的另一種說法。可是你的說法，尤其是在對待男女友誼這一點上，遠比我的要具體的多。你真讓我對自己在另一頁提到的謹小慎微的態度感到汗顏。有關我這種謹小慎微的〔個性〕，只能歸因於我早年的訓練。誠如你所說：「〔那種訓練〕是脫離生活實際的。」我在上海六年的時間裡，我相信我不曾跟一個女人說過超過十個字以上的話。我總是跟比我年長的男人在一起。你很容易看出，這種「不自然」的教育，對我所造成根深蒂固的惡劣影響。但是我能學！你已經教了我許多。

我對你的人生觀極感興趣。「教育——選擇——〔繼之以〕必要的行動」——這是一個無懈可擊而又富有邏輯的「進程」。你所說「對生命有新的了悟時，我們就應該做更上層樓的努力」。這段話讓我想起我在第二篇卜朗吟論文中，在文首所引卜朗吟的一段話。這段話很確切的說明你的態度。

「人是為成長，不是為停止而生；他曾經需要過的幫助，已不再需要……人總要更上層樓……。」

（引自《沙漠中的死亡》）

稍後我會再進一步說明這一點。

你所說關於你母親的事，深深的觸動了我的心。你母親非常，非常善良，而且全心全意的愛你。你說：「我深深同情她，而且希望她能了解。」這幾句話也正是我心底的話。要她看事情的觀點和你的吻合，這幾乎是不可能的。她告訴我，她不讚成你住的離她這麼遠。我告訴她，你喜歡自由。她說，這正是她所不喜歡的。她對你丟掉早年的衣服和化妝品覺得非常惋惜。我告訴她，你已經長大了，用不著這些東西了，可是她不以為然。她覺得，要是你能再委屈一下，用一些「漂亮」的東西，別人並不會因此看輕你的。這無非只是一個看法的問題。可是，我覺得，她對我在宗教上的看法變的非常容忍了，把我的「選擇主義」說成「富有趣味和同情心。」對一個樂觀主義者來說，任何事都是可能的：耐心可以征服一切！且把這

句話送給你！

從上引這封長信中，可以歸納出兩點來：第一，在1915年1月
22日到24日這次紐約聚會中，胡適有意的不讓兩人的關係超越
友誼，22日請張彭春來喝茶，是一種「避嫌」的作法。23日晚
上在哥大與朋友聊天，而不去看韋蓮司，我想，並不是如他自
己所說「粗心大意」（carelessness），而是刻意的安排。從胡適
一再對自己「謹小慎微」（scrupulousness）表示歉意，可以推
測，胡適膽小的作風，有些讓韋蓮司失望，因此編出了在上海
六年而未與一個女子說上十個字話的故事，這都是爲他自己不
能有「大膽作風」的飾詞[4]。

　　第二，胡適與韋蓮司的交往，已引起了韋母的關注，但胡
適絲毫無意在暗中進行。1916年1月27日，胡適甚至爲韋母管
教女兒過嚴，寫了一封信給韋母，替韋蓮司小姐抱不平。這封
信的一部分，收在《胡適留學日記》中，我將它譯在此處。可
以看出韋蓮司母女的關係，也可以看出二十世紀初期，美國中
上家庭如何教養女兒，及胡適對這種教育方式的批評：

　　你想知道「一個東方人在內心深處對某些美國女子不
　　落習俗的眞正看法」……

4　胡適出國留學前在上海的那段生活是比較荒唐的，賭博、逛窰
　　子、吃花酒的事都幹過，絕不至於沒有跟一個女人說上十個字話
　　的事。參看，胡適〈我怎樣到外國去〉，在《四十自述》（台北：
　　遠東，1982），頁92-97；《胡適的日記》（香港：中華，1985），
　　頁15-22。

對我來說，整個問題只是個一致的問題。一個人必須在絕對主義與自由主義之間擇其一，或者把女人當成傀儡，或者把她當成一個自由人。或者把她鎖在華麗的閨房之中，或者給她真正的自由。

現在，據我的了解，美國人應該是在女人是自由的和理性的基礎上來對待女子的。你能信任她嗎？雖然她有時不從習俗，當你給她自由的時候，她能做負責而且理性的事，對這個你有信心嗎？要是你對她沒有這樣的信任，那麼你就應該把她鎖在閨房裡，永遠不讓她離開你的視線，這才是邏輯而該做的事。這才叫做一致。要是你對她有上述的信心，那麼就讓她有真正的自由。讓她做自己認為正當而合理的事。這也是一致。

在奴役和自由之間是沒有中間地帶的。……

為什麼我們要在乎「別人」怎麼想我們？難道我們對自己的判斷還不如別人的判斷嗎？而習俗不終究只是人造出來的嗎？而一個明智的男人或女人不是比所謂的習俗更高明嗎？安息日是為人設的，人不是為安息日設的！這說的多麼對啊！……[5]

這真可以說是一封義正詞嚴的信了。也是胡適為韋蓮司爭取獨立自由的宣言，當然，這多少也是爭取兩人交往的自由。

---

5 胡適，《留學日記》，頁835-36。

韋母雖然在對女兒的教育上，略嫌守舊，但對康奈爾的外籍學生卻極為照顧，韋氏家庭，當時即以善待外國留學生出名，胡適在家書中曾多次說到。

　　韋母嚴格的家教，並不曾阻擋住女兒與胡適的交往，在《胡適留學日記》中，記兩人相約出遊的事頗不少。如1914年10月20日記：

> 星期六日與韋蓮司女士出遊，循湖濱行，風日絕佳。……天雨數日，今日始晴明，落葉遮徑，落日在山，涼風拂人，秋意深矣。是日共行三小時之久，以且行且談，故不覺日之晚也。……余等回至女士之家已六時，即在彼晚餐，晚餐後，圍爐坐談，至九時始歸[6]。

又如1914年11月3日有「韋女士與余行月光中」一條[7]。1915年2月14日有兩人「循赫貞河濱行」一條[8]。

　　在這段期間，胡適也偶有詩詞記兩人交誼，但在日記中，語意曖昧，或有意誤導讀者，（後文1939年部分有詳述）。多年來，論者並不把這幾首詩詞與韋蓮司聯想在一起，現在由於書信的發現，可以證實下面這幾首都是為韋蓮司寫的。

　　1915年6月12日有〈滿庭芳〉詞，詞云：

> 楓翼敲簾，榆錢入戶，柳棉飛上春衣。落花時節，

6　胡適，《留學日記》，頁428-29。

7　同上，頁443。

8　同上，頁554。

隨地亂鶯啼。枝上紅襟軟語（紅襟，鳥名——Redbreast），商量定，掠地雙飛。（史梅溪有「又軟語商量不定」句，甚喜之，今反其意而用之。）何須待，銷魂杜宇，勸我不如歸？（此邦無杜宇）。歸期，今倦數。十年作客，已慣天涯。況塹深多瀑，湖麗如斯。多謝殷勤我友，能容我傲骨狂思。頻相見，微風晚日，指點過湖堤 [9]。

胡適曾以「高潔幾近狂狷」許韋蓮司 [10]，而此處則以「傲骨狂思」自許，兩人真是「惺惺相惜」了。詞中所謂「商量定，掠地雙飛」一句，只是一種不可能實現的期盼。詞中的「不如歸」一句，冠之以問號，正是胡適動情動心的剖白。然而家中正有老母，冬秀望斷歸人。焉能不歸？詞中的無奈和哀怨是不難看出的。

1915年10月13日有〈相思〉詩一首，詩云：

自我與子別，於今十日耳。
奈何十日間，兩夜夢及子？
前夜夢書來，謂無再見時。
老母日就衰，未可遠別離。
昨夢君歸來，歡喜便同坐。
語我故鄉事，故人頗思我。

---

9 胡適，《留學日記》，頁667。胡適在1939年5月17日信中，明白指出這首詞與韋蓮司有關。

10 同上，頁428。

吾乃澹蕩人，未知「愛」何似。

古人說「相思」，毋乃頗類此[11]？

胡適出國前在上海雖有過一段荒唐的生活，但卻從來不曾戀愛過。吃花酒，逛窰子只是尋歡作樂，這和月下散步，湖邊談心是完全不同的。這首詩中所說不知愛為何物，當是實情。韋蓮司讓胡適初嘗了戀愛的滋味，讓胡適體會到了愛情和相思的意義。

胡適在1916年6月25日從綺色佳去俄亥俄州，克利夫蘭市參加第二次國際關係討論會，7月3日回到紐約[12]。當天搬入韋蓮司原住紐約海文路92號之公寓。同年7月16日，胡適追記此事：

> 予旅行歸，即遷入新居。新居在92 Haven Ave.本韋女士舊寓。女士夏間歸綺色佳，依其家人，故余得賃其寓……居室所處地甚高，可望見赫貞河，風景絕可愛。……[13]

夏日以後，韋蓮司並未返回紐約，仍由胡適繼續頂租，韋女之家具、衣物、圖書、畫作仍留公寓中。一直到1917年6月初，胡適回國前，才由胡適打包裝箱寄給韋蓮司[14]。

胡適在海文路92號，住了不到一年，但這個公寓在胡適往後的書信中卻常提起，偶爾也去徘徊憑弔。在胡韋的交往中，

11 胡適，《留學日記》，頁795-96。
12 參見，同上，頁955。
13 同上，頁958-59。
14 根據1917年6月5日胡適給韋蓮司的信。

這是一個極有意義的處所。

《嘗試集》所收的第一首詩〈蝴蝶〉就是在這個公寓裡作的，這首詩最初收入1916年8月23日《留學日記》，冠題〈窗上有所見口占〉，詩云：

> 兩個黃蝴蝶，雙雙飛上天。
>
> 不知為什麼，一個忽飛還。
>
> 剩下那一個，孤單怪可憐；
>
> 也無心上天，天上太孤單[15]。

這首詩，就如胡適在「自跋」中所說：「可算得一種有成效的實地試驗」。但十七年以後，胡適寫〈逼上梁山〉，才透露了一點寫這首詩的真正動機：

> 有一天，我坐在窗口吃我自做的午餐，窗下就是一片長林亂草，遠望著赫貞江。我忽然看見一對黃蝴蝶從樹梢飛上來；一會兒，一隻蝴蝶飛下去了；還有一隻蝴蝶獨自飛了一會，也慢慢的飛下去，去尋他的同伴去了，我心裡頗有點感觸，感觸到一種寂寞的難受，所以我寫了一首白話小詩，題目就叫做〈朋友〉（後來才改作〈蝴蝶〉）[16]。

我看了胡適寫給韋蓮司的信後，又想到這段話，我才恍然了解，這首《嘗試集》中，開宗明義的白話新詩，原來也是一首

---

15 胡適，《留學日記》，頁1007；胡適，《嘗試集》（上海：亞東圖書館，1922），頁1。

16 胡適，〈逼上梁山〉，在《四十自述》，頁128。

情詩。「兩個黃蝴蝶」不正是胡適和韋蓮司嗎？胡適住在韋蓮司的公寓裡，睹物思人，借蝴蝶起興，冠題〈朋友〉，詩中人物已經呼之欲出了。

　　胡適完成學業，回國之前，特去綺色佳，與韋蓮司話別，在綺五日，住韋家。日記中有「韋夫人與韋女士見待如家人骨肉，尤難爲別。」的紀錄 [17]。胡適自初識韋蓮司起，兩人已知別離之不可避免。胡適雖初嘗了戀愛的滋味，卻也刻意的維持住一定的矜持。

---

17 胡適，《留學日記》，頁1147。

愛情・親情與婚姻

　　胡適一生最爲人所樂道的一件事，既不是他的實驗主義，也不是他的哲學史、文學史，或小說考證，而是他的婚姻。他和江冬秀的結合，是個典型的「父母之命」。然而，胡適在中國近代思想史上，卻又是向「吃人的禮教」抗爭的代言人。

　　一個畢生爲個人自由與尊嚴而奮鬥的戰士，自己的婚姻卻是「吃人的禮教」下的一個祭品。正是因爲這個有趣的矛盾，使胡適的婚姻，在新舊交替，東西合流的二十世紀初年，成了一個思想史上的課題。

　　胡適婚姻的矛盾，基本上是一個愛情與親情的衝突，而結果則是愛情向親情屈服，或者說愛情被親情所扼殺。

　　胡適之不毀（注意：不是「不悔」）婚約，與其說是爲江冬秀，不如說是爲他母親。換句話說，胡適的堅守婚約不是爲愛情，而是爲親情。在1918年5月2日寫給胡近仁的信中，胡適坦白的承認：「吾之就此婚事，全爲吾母起見，故從不曾挑剔爲難（若不爲此，吾決不就此婚……）……今既婚矣，吾力求遷

就，以博吾母歡心。」[1]這個婚不是爲他自己結的，是爲他母親結的。

在現存胡適寫給韋蓮司的信中，第一封（1914年11月2日）就很嚴肅的討論到「容忍遷就」與「各行其是」的問題，這或許不全是偶然，而是在交往之初，先取得一個共同的理解。胡適在寫信的次日，在日記中提到這次討論。討論的起因是韋蓮司與父母意見不合，就這一問題請教胡適：「若吾人所持見解與家人父母所持見解扞格不入，則吾人當容忍遷就以求相安乎？抑將各行其是，雖至於決裂破壞而弗恤乎？」

胡適認爲這一問題「乃人生第一重要問題。」其實，這又何嘗不是胡適自己的困惑呢？在信中，胡適詳述東方人「爲人的容忍」，而歸結於「父母所信仰，子女雖不以爲然，而有時或不忍拂愛之者之意，則容忍遷就，甘心爲愛我者屈可也。」[2]

胡適的婚姻，基本上只是「甘心爲愛我者屈」的一個具體表現。他之所以這麼做，與其泛泛的說因爲他是「東方人」，不如說因爲他有一個對他關愛備至的母親，在同一封信中，胡適說道：

> 在家庭關係上，我站在東方人這一邊，這主要是因爲我有一個非常非常好的母親，她對我的深恩是無從報

---

1 胡適，〈致胡近仁〉，在耿雲志、歐陽哲生編《胡適書信集》（北京：北京大學出版社，1996），共三冊，上冊，頁156。

2 《胡適留學日記》，頁442-43。

答的。我長時間離開她，已經使我深感愧咎，我再不
能硬著心腸來違背她。

在此，「她對我的深恩是無從報答的」，英文原文是："I have a very very good mother to whom I owe everything"。直譯是「我欠她一切」。而所謂「違背」也就是違背婚約。

胡適對他母親的孝心近乎基督教的「原罪」，這個「罪」是無論如何都贖不清的，和江冬秀結婚，只是贖罪於萬一罷了。

這種由「深恩難報」的罪惡感，漸漸發展成了「母命難違」的使命感。胡適早期與韋蓮司的一段戀情，多少籠罩在這兩種情緒之中。

胡適在母親過世，兒子出世以後，寫了一首〈我的兒子〉的詩，所要打破的正是由傳統孝道所發展出來的罪惡感。在詩裡，他說　「但是你既來了，我不能不養你教你，那是我對人道的義務，並不是待你的恩誼。」[3] 這不但是說給他兒子聽的，也是說給他自己聽的。他試著從那個罪惡感之中解脫出來。

胡適一生服膺戴東原「以理殺人」比「以法殺人」更為殘酷的特識[4]。其實，不但「理」可以殺人，「愛」也可以殺

---

3 參看，胡適，〈我的兒子〉，收入胡明編，《胡適詩存》（北京：人民，1989），頁204；〈我的兒子〉，《胡適文存》（台北：遠東，1968），共四冊，冊1，頁687-92。

4 參看，胡適，《戴東原的哲學》（台北：商務，1966），頁55-58。

人。套句戴東原的話「以法殺人，尚有申辯處；以愛殺人，被殺者唯有感激痛哭而已！」

胡適與韋蓮司之交往，並沒有瞞著胡母，在暗中進行。胡適曾多次在家書中提到韋氏一家如何善待他，及韋女士狂狷高潔之品行。在1915年2月18日的家書中，胡適對韋氏一家備至感激：

> 此間又有韋蓮司夫人者，其夫為大學地文學教師，年老告休。夫人待兒甚厚，兒時時往餐其家，亦不知幾十次矣。……
>
> 韋夫人之次女為兒好友……兒在此邦所認識之女友以此君為相得最深。女士思想深沉，心地慈祥，見識高尚，兒得其教益不少[5]。

也許就因為胡適坦白的向母親報告與韋蓮司的交往，再加上胡母致函韋氏一家表示謝意，以至引起江冬秀娘家的疑慮，謠傳胡適已在美另娶。胡母在1915年8月28日的信中要求胡適澄清：

> 外間有一種傳說，皆言爾已行別婚。爾岳母心雖不信，然無奈疾病纏綿，且以愛女心切，見爾未宣布確實歸期，子平之願，不知何日方了。[6]

---

5 《胡適書信集》，頁53。

6 〈胡母致胡適〉函，在耿雲志主編，《胡適遺稿及秘藏書信》（合肥：黃山書社，1994），共42冊，冊22，頁161-62。

胡適接此函之後，在10月3日寫了一封八頁的長信，力辯此項
謠言之無稽，其中說道：

> 兒久已認江氏之婚約為不可毀，為不必毀，為不當
> 毀。兒久已自認為已聘未婚之人。兒久已認冬秀為兒
> 未婚之妻。故兒在此邦與女子交際往來，無論其為華
> 人、美人皆先令彼等知兒為已聘未婚之男子。兒既不
> 存擇偶之心，人亦不疑我有覬覦之意。故有時竟以所
> 交女友姓名事實告知吾母。正以此心無愧無怍，故能
> 坦白如此。[7]

胡適在「不可毀」，「不必毀」，「不當毀」的旁邊密圈加
點，以示其言之誠。在此我們看到的是擔當，是信守，但不是
愛情。

胡適對母親不隱瞞他與韋蓮司的交往，對韋蓮司則明確表
示自己是「已聘未婚」之人。就現存信件來看，胡適第一次將
江冬秀照片給韋蓮司看，是在1915年3月。

在1915年3月28日的一封信中，有一段話討論到江冬秀。
這段話是由韋蓮司的一個問題所引起的：

> 我不知她（江冬秀）有沒有想過現在的情形──看來，
> 她是想過的。我也不知道她是怎麼看待你（胡適）和你
> 的思想的。

胡適的回答是：

7　《胡適遺稿及秘藏書信》，冊21，頁114-15。

> 我真不知道該怎麼跟你（韋蓮司）說。其實，我也不知
> 道她是如何來看待我和我的思想的。在她心目中，我
> 也許已經「理想化」了，但她對我的思想全然一無所
> 知，因為她連寫封短短問候的信都有困難，她的閱讀
> 能力也很差。在寒暄的信中是無法傳達思想的，我早
> 已放棄讓她來做我知識上的伴侶了（intellectual
> companionship）。這當然不是沒有遺憾的。誠如你所
> 說：「這似乎很奇怪，而又似乎無所謂。」誰知道
> 呢？我只知道我應該盡力去讓她快樂，至於能做的多
> 成功，我也不知道。我曾試著勸她在讀書寫字上多下
> 些工夫，但這是不可能的──這有無數的原因。然
> 而，我是個樂觀主義者。我母親既不能讀又不能寫，
> 可是她是我所知一個最善良的女子。

胡適的樂觀無非是想說明一個人的好壞與知識的多少並沒有一
定的關係。江冬秀雖然所受教育有限，但正如胡適的母親，依
然可以是一個極善良的人。然而，他的樂觀終究還是掩不住他
的失望。

　　胡適1914年11月22日的日記有「擇偶之道」一條，指出配
偶而又兼為「智識上之伴侶」幾乎是不可得的，「智識上之伴
侶不可得之家庭，猶可得之於友朋。此吾所以不反對吾之婚事
也。」[8] 這樣的說詞，多少是出於無奈的自我安慰。

---

8 《胡適留學日記》，頁471-72。

　　胡適是在這樣「遷就容忍」的心情下，接受了他的婚姻。
而韋蓮司此時在胡適眼中正是一個奇女子，「具思想、識力、
魄力、熱誠於一身」[9]。韋蓮司成了胡適留學期間「智識上的
伴侶」。

　　胡適對韋蓮司所表露的他對江冬秀和自己婚姻的觀感，不
是在一般中文材料中所能看到的：少了幾分顧忌，多了幾分親
切。1917年11月21日，也就是胡適和江冬秀舉行婚禮前的四十
九天，胡適寫了一封信給韋蓮司，吐露了自己對這個婚姻的看
法：

> 我不能說，我是懷著愉快的心情，企盼著我們的婚
> 禮。我只是懷著強烈的好奇，走向一個重大實驗——
> 生活的實驗！我相信韋蓮司夫人不會喜歡上面這段
> 話。然而，這卻是一段老實話。

胡適接著興奮的談到白話文運動推展的情形，和在全國各地所
引起的反響，他說：

> 夜以繼日的為自己感興趣的事努力工作真是一大樂
> 事！我實在非常不情願在此時為了婚禮而中斷我的工
> 作！我知道；要是韋蓮司夫人聽到了我這麼說，一定
> 罵我「沒良心」！

從胡適婚前寫給韋蓮司的信來看，結婚只是「盡義務」，雖然
沒有什麼熱情，但也絕無逃避的念頭。既然這是一件躲不過的
事，那就承擔下來吧。這大概是胡適當時的心情。

---

9 《胡適留學日記》，頁524。

婚後不到兩個月（1918年2月19日），胡適又寫了一封信給韋蓮司，對新婚生活表示了相當的滿意：

> 我結婚已經七個多星期了，還沒向你報告這件事！我高興的告訴你我妻子和我都相當愉快，而且相信往後能相處的很好。

接著他談到了他對婚禮的改革：

> 我12月16日離開北京，23日到家，30日結了婚。我自創了婚禮的儀式，廢除了所有舊習俗中不合理的陋規。我們沒有拜天地，這是廢除的陋習中最重要的一項。可是還是去祠堂拜了祖先。為了這件事，我母親和我爭執了好幾天。我認為我們結婚和祖先是不相干的，我也不相信有祖先的存在。我母親同意了我所有的改革，卻受不了她的獨子數典忘祖。在我們結婚的前夕，我對母親讓步了。婚後第三天的早晨，我妻子和我到了祠堂向祖先牌位行了三鞠躬禮。

讀過《胡適文存》的人，大概都知道他曾有過「喪禮改革」[10]，卻不知胡適也曾做過「婚禮改革」。在同一封信裡，胡適還代他母親和新婚妻子向韋蓮司問好，並希望1924年，在他休假的時候，能帶著江冬秀一起去美國。後來，這個希望並沒有實現。

---

10 參看：胡適，〈我對於喪禮的改革〉，《胡適文存》，冊1，頁709-23。

　　胡適一生之中最悲痛的一件事大概是他母親的逝世。1918
年11月23日胡母馮太夫人以四十六歲中年病殁於安徽績溪上川
本宅。現存日記和書信中都沒有詳細提到這件事。在一封1919
年3月3日給韋蓮司的信中，胡適對母親逝世前後及自己的感受
有相當親切的敘述：

　　我母親去年11月死於流行性感冒！從我們談話中你已
　　熟知我母親。這個打擊太大了，我簡直無法承受。她
　　死時才四十六歲。她過去二十幾年為了我受盡千辛萬
　　苦，我現在剛開始能使她略感愉悅〔而她竟離開了人
　　世〕！婚禮以後，我把妻子留在她身邊。但是他知道
　　我工作很辛苦，又把〔冬秀〕送到北京和我生活在一
　　起。她聽到我們馬上要生孩子了，非常高興，然而她
　　卻沒能見到她的孫子。剛得流行性感冒的時候，她不
　　讓任何人寫信通知我，她知道我原訂12月要回家，她
　　不要我為了她而提早行程。這就是她的個性──一個
　　勇敢而不自私的女人！雖然我妻和我沒能在她病床
　　邊，她含笑而終。
　　在接到惡耗的電報之後，我妻和我立即動身離開北
　　京。我母親下葬的日子是1918年12月17日，這一天正
　　是我生日，照陰曆的算法，也是我們結婚的周年紀
　　念。1月10日我又離家上北京了，我妻完全不可能做
　　長途旅行，留在家中待產，大約這個月就要生了。
　　我唯一的安慰是在我離家十一年以後，從美國回家看
　　到了母親。臨終前，她告訴病榻邊的人說：她很高興

　　　　能活著見到我從海外回來，見到我和她所擇定的人結

　　　　婚，又聽到我們即將得子的消息。

母親臨終前這番話，對胡適來說太重要了！他的「容忍遷
就」，「爲愛我者屈」，不全是爲了這一刻嗎？胡適在信中細
述這一段，相信萬里之外的韋蓮司是可以體會也可以理解這番
極其深刻又極其細緻的母子深情的。

　　胡適的母親爲他備嘗了二十幾年的艱辛，把一輩子的希望
全寄托在他身上，他也不負母親厚望，放棄了「不婚」，放棄
了「無後」，放棄了心中所愛，博得了母親臨終前的一點安
慰。

畫家與詩人

　　胡適與韋蓮司交往通信最頻繁的三年是1914到1917，這段期間也正是韋蓮司最熱衷習畫，作畫的時期。胡適1918年9月，在北京女子師範學校演講〈美國的婦女〉，曾以韋蓮司為例說明美國女子不嫁而能獨立生活。而韋蓮司在胡適筆下，基本上是一個畫家，說她不顧母親反對「離了家鄉，去到紐約專學美術……專心研究一種新畫法……研究了多少年，起初很少人賞識，前年他的新畫在一處展覽，居然有人出重價買去。將來他那種畫法，或者竟能自成一家也未可知。」[1]

　　顯然，習畫和作畫是韋蓮司當時生活和工作的重心，但是西洋現代畫卻絕非胡適之所長。在現有胡適寫給韋蓮司兩百多封的信中討論的題目涉及哲學、文學、宗教、婚姻、政治、外交等等，而獨於近代西洋藝術，胡適未敢贊一詞。偏偏這位女朋友又是個西洋藝術家。

　　這點興趣和訓練上的不同偶而也從信中反映出一些有趣的問題。胡適往往在尷尬之餘，想強做解人，但卻又實在解不出

什麼名堂來。在1915年11月6日的信裡，胡適對不能欣賞韋蓮司的畫深感歉意：

> 我一想到因為我不能了解你的畫，讓你感到非常失望，這讓我極為痛苦。有整整一個星期，我一直想告訴你，除非我能擺脫從二手資料中所得到的一些成見，並能言之有據，我絕不再強不知以為知的對藝術作品妄下評斷。

胡適才說他不敢對藝術作品妄下評斷，第二天就忍不住寫了一封信對韋蓮司的三幅畫做了一番評論：

> 我在回去睡覺以前，我得把這些話說出來，否則我怕又睡不好覺。
>
> 雖然這不是一個夢境的敘述，但卻是由一個惡夢起頭的。
>
> 那個夢魘就是你的第一幅畫。我看了以後，有如鬼魅附身，有種被勒住和窒息的感覺。醒來以後，我又試著去回想那張畫。我很驚訝，閉上眼睛所看到的那張畫竟線條色彩如此分明，而這個鮮明的形象又帶給我被勒和窒息的感覺……這種感覺是極難受的。我想逃避這種感覺，就設法回想你的另外兩幅畫。而〔呈現在我腦海中〕的這兩幅畫和第一幅一樣的色彩鮮明，甚至於比我初見實物時尤有過之。因為在回想時，畫裡的細部結構淡化了，而主題卻更突出了。
>
> 第二幅畫給我一種輕鬆的感覺。首先是集中我的注意力，接著是活力狂喜似的交融。

第三幅畫是不同的。它起頭讓我困惑。我給它打了一
個問號，接著我集中注意力，然後是一種全然的了
悟，湧現出大量的同情和希望，最後則達到一種極大
的滿足。

我的解釋和你所說關於第三幅的畫不盡吻合。我只是
把我所「看到」的，告訴你。

我醒來時是四點，現在已五點了，希望郵差今天不放
假！再見！

從這封信可以看出，胡適對韋蓮司的畫努力想做個解人，但這
個解人卻是在看了畫作以後，惡夢連連，以至於感到被勒和窒
息，從睡夢中驚醒而無法再眠。我很好奇，韋蓮司之畫何以如
此令胡適驚懼。

胡適的文章，無論中英文都極明白曉暢，絕不故弄玄虛，
唯獨這幾封論畫的信都實在有些「玄學」的味道，全不是胡適
實驗主義的風格。

在1916年2月1日的一封信中，胡適剖析了自己為什麼看不
懂韋蓮司的畫，並借用老子的哲學來說明他試圖如何來欣賞韋
氏的畫：

我希望不久就能再次看到你新的畫作。與上個星期五
相比，我對〔欣賞畫作〕有了一個比較清晰的概念。
〔欣賞畫作〕就如溪水碰到巨石，與其試圖勉強通
過，不如另換個新方向而流向另一個渠道。這讓我想
起了《老子》的一句話：「水善利萬物而不爭。」我
希望你能告訴我這個想法對不對。要是我是對的，我
想我知道問題在那兒了：那就是我無法將感受和想像

> 同時運用起來。我想也正是因為同樣的理由，我在打
> 字機上邊打邊寫，不如手寫來的好。我看著鍵盤和打
> 出來的字時，就忘了下句話該說什麼了。

我想，胡適用溪水激石而另覓出路的比喻，來描述他欣賞韋氏畫作的過程，或許有得於南宋詩人楊萬里桂源舖的詩句，也是他晚年（1961）用來安慰雷震的詩句：

> 萬山不許一溪奔，攔得溪聲日夜喧。
> 到得前頭山腳盡，堂堂溪水出前村。[2]

胡適自比於溪水，看不懂畫時不免感到沮喪挫折。《老子》「水善利萬物而不爭」只是一句極無奈的話，不知韋氏能會得其中玄機否。

在1915年11月6日的信中，胡適指出，他希望對韋蓮司畫作的欣賞能力能有所提高：

> 你〔的作品〕在我內心激起了一個新的興趣，也可以
> 說是一種新的態度。且讓我們企盼，這個新的態度能
> 帶領著我走向一個新的欣賞水平，而在目前，我是連
> 嘗試一下的自信和勇氣都沒有。

胡適大概始終沒有培養出一種新的態度，也沒有提高他的欣賞能力。任鴻雋在1918年6月8日一封討論新文學的信中還提到：「尊友威廉女士的新畫 "Two Rhythms"，足下看了，也是『莫名其妙』。再差一點，對於此種新美術，素乏信仰的，就少不

---

2 此詩的胡適手跡，收入唐德剛，《胡適雜憶》，卷首，頁8。

得要皺眉頭了。」[3] 顯然，胡適之不能欣賞韋蓮司的畫，在當時友朋之間並不是一個秘密。

任鴻雋用韋蓮司的畫來比胡適的詩是就其創新太過，以至於「莫名其妙」這一點而言。胡適在離美返國前一個半月，也正是他和朋友熱烈討論新文學和新詩的那段日子，他從韋蓮司的畫作上看出了一種「實地試驗」的精神，和他日後出《嘗試集》，真有不謀而合的地方。1917年5月4日有如下一段日記，是胡適對韋蓮司作畫比較肯定的評語：

> 吾友韋蓮司女士（Miss Clifford Williams）所作畫，自闢一蹊徑，其志在直寫心中之情感，而不假尋常人物山水畫為寄意之具，此在今日為新派美術之一種實地試驗……其所造作或未必多有永久之價值者，然此「實驗」之精神大足令人起舞也。[4]

此時胡適正熱衷於白話詩之實驗，大力提倡「直寫心中之情感」而不為古典詩詞之格律所囿。

從表面上看，胡適無法欣賞韋蓮司之畫作，似乎格格不入，但就深一層來看，韋蓮司在畫作上勇於嘗試新風格，另闢蹊徑的作法，對青年胡適來說不但是深得我心，而且對新文學的提倡也起了一定鼓舞的作用。

胡適所謂「一種新的態度」正是歸結在這種「實驗的精神」上，在一封1917年4月13日的信中，他對這種「實驗的精

---

3 任叔永原書，收入《胡適文存》，冊1，頁94。
4 《胡適留學日記》，頁1136-37。

神」有比較詳細的說明。這種精神和他提倡新詩的旨趣真是
「若合符節」，唯一的不同只是一個在詩，一個在畫而已：

> 就如我以前曾經說過的，〔這樣的畫展〕給我印象最
> 深的是實地試驗的精神（the spirit of experiment）。這
> 種試驗在本質上是個人的，我沒有在任何其他地方見
> 過〔作品〕如此充分的表現出作家的個性，這本身是
> 健康和活力的表現。更有意義的是這些實地試驗的畫
> 家對保守的畫派已經起了一定的影響。展出的那些正
> 統派的畫，似乎在有意識與無意識之間，多少受了新
> 派的影響，在著色上所受的影響尤其明顯。

我相信胡適看到韋蓮司在畫作上創新風格時，多少也看到了自
己「嘗試」新詩的身影。這種勇於創新，追求自由，在作品上
充分表現自我的精神，胡適和韋蓮司是深相契合的。

從以上的敘述，我們可以看出：胡適對繪畫雖然是個外
行，但他也曾努力去進入韋蓮司的藝術天地。一個是詩人，一
個是畫家，他們雖然相互不懂對方的作品，但他們求新、求變
的創作精神卻也能彼此鼓舞。

在胡適與韋蓮司的信件中，中國書畫也偶爾是他們的話
題。在這方面胡適多少起了一點引導和介紹的作用。1915年1
月21日，胡適曾參觀波士頓藝術博物館，在《留學日記》中有
詳細的追記[5]。在同年7月15日的信中，胡適又與韋蓮司討論到
了館中的部分藏畫，可以略窺兩人對中國畫一些極概略的看
法：

---

5 參看，《胡適留學日記》，頁515-22。

我很高興得知你的波士頓之旅很愉快。馬遠是我最喜歡的山水畫家，我也喜歡夏圭，但在你信中並未提到他。我在波士頓的時候，對范寬〔的畫〕並沒有留下深刻印象。我很高興你喜歡徽宗皇帝的那些畫，在中國的時候，我見過他他所畫的鷹——這是他最喜歡畫的主題之一，如今回想，還覺得栩栩如生……。

那些與宗教有關的畫作，給我印象最深的是艷麗的色彩，這一特點在現代中國畫派中是完全找不到的。在你信中，你提到了佛教的畫。你看到了那三幅道教的畫嗎？（據說那三幅畫是吳道子的作品，但顯然是宋代畫家的仿作）。……

從這封信可以看出，韋蓮司對中國畫也有一定的興趣。

在胡適影響之下，韋蓮司除了對中國畫表現出興趣以外，也曾想學習中國書法。她請胡適為她介紹一個能書法的中國人。在1915年8月4日的信中，胡適說：

我一時想不出在哥倫比亞有什麼人書法極佳，如果你等幾個星期，我到了紐約以後，或許能找到人。

八天以後（8月12日），在另一封信中，胡適說：

趙元任先生會去紐約，到了以後，會打電話給你。我想你可以請他教你如何使用毛筆。我並不是說他書法很好，其實這一代年輕人書法好的極少。我知道在美國只有兩個學生，他們的書法可稱「極佳」。一個在綺色佳，一個在波士頓。

看了這紙短箋，真不免啞然失笑。胡適若介紹趙元任為韋蓮司的「對外漢語」老師，那毫無疑問的是第一人選；介紹他作書

法老師，卻真有些「誤人子弟」了。不知後來韋蓮司學習書法情形如何。其實，胡適在書法上的造詣是遠在趙元任之上的。

此後，胡適經常剪寄一些有關中國繪畫或雕刻的文章給韋蓮司。韋蓮司中年以後不再作畫，但胡適仍偶爾寄些相關資料給這位遠在萬里之外的朋友。

從這一節，我們可以看出，胡適很照顧到韋蓮司的興趣，並試圖了解她由畫作所表現出來的內心世界，而韋蓮司也很願意多學習一些中國的文化和藝術。

分首十年(1917-1927)

胡適的寂寞

　　胡適是1917年6月21日由加拿大溫哥華離開北美回中國的，再度回到美國是1927年1月12日。在這將近十年的時間裡，胡適奠定了他往後一生的事業基礎。所有重要的運動和改革，著作和出版都在這十年之中展開完成。人生中的幾個重大歷程也都發生在這段期間。結婚、喪母、生子，再加上1923年和曹珮聲一段刻骨銘心的戀情。

　　對韋蓮司來說，胡適的改變就更大了，由一個康奈爾大學的學生，到北京大學的教授，白話文運動的領袖，中國文藝復興之父，一個國際知名的學者。然而，這種種人世的變遷，都不曾影響到兩人的友誼。十年之間留下來的信件雖不多，但不難看出，這份深厚的情誼不但沒有因為時空的阻隔而漸漸淡忘，反而隨著歲月的推移而更趨醇厚。就如胡適在1927年4月3日寄自舊金山的一封信中所說：

> 在過去悠長的歲月裡，我從未忘記過你……我要你知
> 道，你所給予我的是何等的豐富……我們這樣單純的
> 友誼是永遠不會凋謝的。

這是兩人分首十年之後，重逢再別後的寄語。是的，這份友誼
是永不凋謝的。

自從1914年以來，每逢4月17日，韋蓮司的生日，胡適總
不忘寫封信，發個電報或寄份禮物給韋蓮司，即使是在海外，
工作繁忙，日程緊湊，胡適依然有所表示。1927年4月10日，
胡適從西雅圖的奧林匹克旅館中寫了一封長信祝賀韋蓮司的生
日：

> 我寄這封信祝願你每逢〔4月〕17日這一天，都有一
> 個快樂的生日。趙元任先生在他一封〈綠色書簡〉中
> 曾說道：17是許多人最喜歡的一個數字。「17」無疑
> 的是我最愛的數字。我生在1891年12月17日。我的小
> 兒子也生在12月17日，而你的生日又剛好是個17。
> 我是十三年以前知道你的生日的，從此，一直不曾忘
> 記過。我從你留在海文路〔公寓〕的一個銀匙上，知
> 道了你生在那一年；你差不多長我五歲。但我覺得你
> 總是年輕的。

從這裡，我們看到了胡適的細心與溫柔。

在同一封信裡，胡適向韋蓮司吐露一些平時不輕易示人的
孤獨寂寞之感：

> 1920年有一天，我在天津，在搭火車回北京前還有幾
> 小時，我就進了一個旅館，要了一個房間，準備寫點

> 東西。服務員帶上房門出去以後，雖然街上的市聲和
> 車聲從窗中湧入，但我卻突然的感到一種奇特的寂
> 寞！這時我才意識到：其實我一向很寂寞，我只是用
> 不斷忙碌的工作來麻醉自己，忘掉寂寞。只有在我停
> 下工作的時候，我才全然的意識到這種奇特的孤獨之
> 感。

其實，胡適的寂寞又何止是停下工作的那個片刻呢？他接著說道：

> 你也許不能全然了解，生活和工作在一個沒有高手也
> 沒有對手的社會裡———一個全是侏儒的社會———是如
> 何的危險！每一個人，包括你的敵人，都盲目的崇拜
> 你。既沒有人指導你，也沒有人啟發你。勝敗必須一
> 人承擔。

以胡適的「樂觀」，他很少發這樣帶著一些悲哀，牢騷而又自滿自得的言論，然而，這卻是他的心底話。韋蓮司是個老朋友，又是個美國人，遠離中國人的是非恩怨。胡適在她面前少了許多客套矜持，他在國內所受的委屈，也只有向這位異國知己傾吐了：

> 在國家危急的時候，你覺得自己有義務獨立思考，並
> 發表與群眾想法不同的意見。可是你發現整個群眾以
> 種種惡名加之於你，並與你為敵。這時，你又只有自
> 己來給自己一些勸慰、支持和鼓勵了。

天津旅館中的孤獨之感，只是用來引發出胡適在中國領導新文化運動時，所經歷的一種千山獨行的寂寞這也正是胡適在〈易卜生主義〉中引斯鐸曼醫生所說的那句名言：「世上最強有的

人就是那個最孤立的人。」[1] 這也就是「我獨自奮鬥，勝敗我
獨自承擔」[2] 的精神。最大的寂寞是知己的寥落，這免不了讓
胡適想起當年在康奈爾和人打筆仗，總有韋蓮司可以互相商
證，互相慰勉的情景。

　　其實，胡適又何止是在中國感到寂寞呢。他那種熱烈歌頌
西方文明，批評中國傳統的論調，並不是歐美人士期望於胡適
所說的話。1926年7月，因為中英庚款顧問委員會在英國開
會，胡適取道西伯利亞，有歐美之行。9月5日，他自巴黎寫了
一封信給韋蓮司，提到他對中西文化的看法與當時歐美人士也
格格不入：

> 要是我去美國，我不想作公開演講。我唯一的目的是
> 去看老朋友，我沒有任何東西可以告訴美國人民。到
> 目前為止，我還沒找到我要在英國演說的合適題目。
> 過去九年來，差不多只為中國人思考的這個經驗，似
> 乎使我沒法子再為其他國家設想。你聽了這個也許覺
> 得奇怪，但卻是事實。要是我發現自己假裝有什麼真
> 知灼見要帶給西方世界，我覺得那是可恥的。當我聽
> 到泰戈爾的演說，我往往為他所謂東方的精神文明而
> 感到羞恥。我必須承認，我已經遠離了東方文明。有
> 時，我發現自己竟比歐美的思想家更「西方」。
> 一個〔東方〕演說者面對美國聽眾時，〔聽眾〕所期
> 望於他的，是泰戈爾式的信息，那就是批評譏諷物質

---

1 胡適，〈易卜生主義〉，《胡適文存》，冊1，頁648。
2 胡適，〈我們對於西洋近代文明的態度〉，《文存》，冊3，頁8。

的西方，而歌頌東方的精神文明。我可沒有這樣的信
息。相反的，我寫了一篇文章（離開中國前剛發表），
在這篇文章裡，我指責東方文明是完全唯物而又沒有
價值的，我讚揚現代西方文明能充分滿足人類精神上
的需要。誠然，我所給予東方文明的指責，比任何來
自西方〔的指責〕更嚴苛，而我對西方現代文明的高
度評價，也比西方人自己所說的更好。

這樣出乎常理的意見，一定會讓那些對泰戈爾這種人
趨之若鶩，而又期望聽到所謂「東方」信息的人感到
失望和震驚。

正因為這個理由，我覺得自己向歐美聽眾演說是不合
格的。目前我避免作公開演講。

信中所提到的這篇文章，是1924年6月6日完稿的〈我們對於西
洋近代文明的態度〉，發表在《現代評論》四卷八十三期上。
胡適自己極重視這篇文章，除了收入《文存》第三集以外，並
收入《胡適文選》，改寫為英文稿 "Civilization of the East and
West"（〈東西文明〉）；收入1928年 Charles A. Beard 所編
Whither Mankind（《人類往何處去》）[3]。胡適這個對東西文明
的看法，真是老而彌篤，1961年11月6日，在「亞東區科學教
育會議」所作的開幕主題演講 "Social Changes Necessary for the

---

3 參看 Hu Shih, "Civilization of the East and West," in Charles A. Beard,
ed., *Whither Mankind:A Panorama of Modern Civilizatio*n（New York:
Longmans, Green and Co., 1928）, pp. 25-41；收入周質平編《胡適英
文文存》，冊1，頁309-27。

Growth of Science"（〈科學發展所需要的社會改革〉）[4]，依舊
是〈我們對於西洋近代文明態度〉一文的摘要。胡適在當天的
日記裡說：

> 我的話是三十五前的老話，但在今天似乎還是沒有人
> 肯說的話。[5]

　　胡適這種譏貶東方文明為真正物質奴隸的文明，而西方文
明卻能充分滿足人類精神需要的論調，不僅中國人視之為異
端，歐美人也並不樂聞。胡適在給韋蓮司信中所說這種兩面受
擊的情形，豈是一般從未出過國門的衛道之士所能了解。洋人
所樂聞於一個東方學人之口的是：太極、風水、八卦、命相這
類帶有神秘意味的東方「精神文明」，這些卻正是胡適畢生努
力要為中國人掃除的迷信。

　　有些淺人和共產學者痛斥胡適為討好西洋人的「買辦學
者」，那是全不懂西洋人看中國文化時的「博物館心理」。我
們只要一讀羅素在1920年游歷中國以後所寫 *The Problem of
China*（《中國的問題》）一書[6]，就能瞭然，胡適的觀點正和
羅素等保留並發揚中國傳統的論調相反。胡適不僅在中國是隻

4　參看 Hu Shih, "Social Changes and Science," in *Free China Review*
（Vol. 12, No. 3, March 1962), pp. 39-41；收入周質平編《胡適英文
文存》，冊3，頁1585-89。有徐高阮中譯，〈科學發展所需要的
社會改革〉，在《胡適演講集》（台北：胡適紀念館，1970，三
冊），冊3，頁570-80。

5　見：胡頌平編，《胡適之先生年譜長編初稿》（台北：聯經，
1984，十冊），冊10，頁3801。

6　參閱 Bertrand Russell, *The Problem of China* (London: George Allen
& Unwin Ltd., 1966 Rpt.)，頁185-213。

「不能呢呢喃喃討人家的歡喜」的「老鴉」！到了國外也一樣不是一隻「喜鵲」[7]。

1926年4月17日，胡適有寄自杭州西湖賀韋蓮司生日的信，想起當年兩人在凱約嘉湖畔散步的情形：

> 今天是你的生日，所以我急著從西子湖畔寫這封信賀你生日快樂。願平安愉快常伴著你和你的好母親。
>
> ……我剛從湖畔散步回來。附近的山全天籠罩在煙嵐之中，在暮色中，有些山峰還裹著薄霧。有些微雨，但絲毫不曾驚動那鏡也似的平湖。這次散步極為盡興，這讓我想起了差不多十年前你我在凱約嘉高地散步的情景。我簡直無法相信，所有的這些情景還是如此鮮明，如此真實，而在此刻卻又是如此的遙遠！

十年前凱約嘉湖畔的漫步，胡適在《留學日記》中有多處記感，前節已論及，茲不贅。

白話文運動的成功

在胡適的中文著作中，講到他與孩子關係的並不多，在家書中偶一及之，則不免仍是「庭訓」口吻，大多是訓勉努力上進之類。如果單看〈我的兒子〉這首詩，更給人一種「我實在不要兒子，兒子自己來了」的無奈。在一封1923年3月12日，寄自北京鐘鼓寺14號的信裡，看到了胡適從孩子身上，得到了一種少有的喜悅和自得之情：

---

7 參看，胡適，〈老鴉〉，在《嘗試集》，頁28-29。

自從我們在1917年12月結婚以後，已經生了三個孩
子，第一和第三個是兒子，第二個是個女兒。他們都
很可愛健康。最大的孩子，你可以從照片中看到他，
已經表現出超過一般同年齡孩子的聰穎。

在1924年1月4日的一封信中，胡適又從長子祖望看兒童故事
書，談到白話文運動的功績：

我看著長子讀《兒童周刊》和《小朋友》（給小孩看
的故事書），我不能不感到一種快慰。畢竟我們用口
語來代替文言死文字的努力沒有白費；我們至少已經
成功的使千千萬萬下一代的孩子能活的輕鬆一些。
（我的孩子到三月就五歲了，他現在已能看故事書而
沒有太大的困難）。

胡適在一封1923年3月12日的信中，向韋蓮司報告了回國
這幾年之中的一些成就。讓他感到最驕傲的，還是白話文運動
空前的成功，在短短幾年之內席捲中國。但也正是因為這樣快
速的成功，「暴得大名」的胡適，不但沒有因此躊躇自滿，卻
反而更加戒慎恐懼：

說到中國的文學革命，我是一個催生者。我很高興的
告訴你這件事差不多已經完成了。我們在1917年開始
〔這個運動〕的時候，我們預計需要十年的討論，到
達成功則需要二十年。可是就時間上來說，〔現在〕
已經完全成熟了，這要感謝過去一千年來無數無名的
白話作家！
我們在一年稍多一點兒的時間裡，激起了一些反對的
意見，在不到五年的時間裡就打勝了這場仗。

這種俗話（vulgate）（我喜歡把它叫做口語）已經在小學課本裡快兩年了，而且現在絕大部分的新書都是用活的白話寫的。白話散文和詩已經成了一件時髦的事，反對的意見已經差不多完全消失了。

我怎麼也想不到我所遭遇到最危險的敵人竟是這個輕易的成功。我似乎是一覺醒過來就成了一個全國最受歡迎的領袖人物。去年一月在一個由上海周報所舉辦的一次公眾投票中，我獲選為「中國十二個最偉大的人物」之一。很少有人能理解到：與暴得的大名鬥遠比與反對的意見鬥更艱難！我很清楚，以我這樣年紀的人暴得大名的危險。我為自己立了一個生活的原則：「一定要做到名副其實，而不是靠著名聲過日子。」……

我在中國哲學史上的研究工作還在繼續。三年之內第一冊的《中國哲學史》已經印行了八版。第二冊還不能付印。在全稿完成時，〔這套書〕共有三冊。我搜集了大量的中國古籍，以至英文書都退居到了房子的角落裡了。

在我推行白話文運動的時候，對我幫助最大的，是我從小所受古典的教育。那些攻擊我的保守學者，由於我在中國文學和哲學上的研究，已經漸漸的歸向我們的營壘。

我的詩集已經賣出了一萬五千冊。第五版正付印中。我的文存（1912-1921）已在1921年12月集印成四冊，在一年之內賣出了一萬套、賣書所得的版稅使我有能

力買研究所需的書籍，大學的薪水相當低。回國頭兩
年由於婚禮和母喪，我欠了一些債。

以上所說，不過是讓你知道過去五年我做了些什麼。

看來有些空洞，也有些自得。但你一定會諒解的。

胡適對暴得大名後的戒慎恐懼，很少在中文著作中提到，
即使提到，也不如此處說的清楚。至於提倡白話文的成功獲益
於幼時所受古文教育一節，更不是五四新派知識分子所願意承
認的。如魯迅之勸人勿讀中國書，吳稚暉之教人將線裝書丟進
毛廁，都是顯例。胡適在國人面前說到幼時古文的訓練，大多
以「纏腳布上的血腥氣」或「古文鬼影」等字眼[8]，表現出無
限的惋惜，似乎是幼時受了傷害，使他的白話文無法以「天
足」形式出現。這大概都只是為了革命需要，一時權宜的話。
盛名之下，必須保持一致，以至一輩子都改不了口。

胡適晚年，有人問他，白話文要作的好，是否應該先從古
文入手，他的回答是：

> 作白話文要作的好，應該從活的語言下手，應該從白
> 話文下手。不要輕易相信這種瞎說，說某人作白話文
> 作的好；因為他讀古書讀的多，這都是騙你們的[9]。

---

8 胡適，〈整理國故與打鬼，給浩徐先生信〉，在《胡適文存》，
　冊3，頁123-24。

9 胡適，〈提倡白話文的起因〉，在《胡適講演集》（台北：胡適紀
　念館，1970，三冊），中冊，頁441。

寫好白話文，應該從活的語言下手，這固然不錯，但多讀古書，也絕不致於有害白話文。我想，胡適寫給韋蓮司的話還是比較平實中肯的。

1925年蕭公權曾在綺色佳拜會過韋蓮司教授，韋蓮司女士也在座，她曾對蕭公權說：「他(胡適)正在創造歷史。」(He is making history) [10] 韋女士對自己有這麼一位中國朋友是很自豪的，而且對胡適在回國以後五、六年中幹出的一番大事業也是很欽佩的。

曹珮聲

1923年在胡適一生中是值得紀念的一年，這一年胡適和曹珮聲有過一段極哀婉的戀情，兩人在西湖邊的煙霞洞裡，共同生活了幾個月，胡適在日記中稱之為「煙霞山月的神仙生活」[11]。《嘗試集》以後的情詩，大多為曹珮聲所寫。兩人交往的時間雖沒有胡適與韋蓮司長，但胡適所表現出來熱烈的感情卻是真摯而空前強烈的。這樣的一次戀情，胡適在給韋蓮司的信中，也曾約略提到。1924年1月4日，也正是「煙霞山月，神仙生活」結束後的三個月，胡適在信中有如下一段：

> 我一直到〔1923年〕12月5日才從南方回來。你那封從5月2日寫到9月8日的信正在寫字檯上等著我。雖然

---

10 蕭公權，《問學諫往錄》(台北：傳記文學，1972)，頁86。

11 有關胡適與曹珮聲的戀情，參看胡適，《胡適的日記》手稿本(台北：遠流，1990)，共十八冊，冊4。

好幾個月都已經過去了，〔夾在信中〕的薄荷花葉卻
依然芬芳。

……

我在南方待了七個月；有一個月是在病床上，一個月
在杭州，四個月在離杭州西湖不遠的煙霞洞中，還有
一個月在上海。這段長時期的休息對我非常好，我回
到北京的時候，我的健康是這兩年來最佳的。我除了
爬山和跟我的小表妹說些故事以外，什麼事都沒做。
我的表妹因為健康不佳，跟我和我的侄子住在一塊
兒。我的侄子是個學藝術的學生，他因為健康的關
係，被迫休學，和我到山上來休養。除了二十幾首抒
情詩以外，我什麼都沒寫。

信中所說的「小表妹」就是曹珮聲，而胡適的侄子，則是胡思
聰，思聰1924年因病逝世，死時才二十五歲。

胡適在信中雖沒有明說他和「小表妹」的關係，但聰慧如
韋蓮司當不難從字裡行間看出些消息來。我遍讀胡適寫給韋蓮
司現存近兩百封的信，和一百多件韋氏的信，我自始至終不曾
發現任何男女之間嫉妒的情緒，韋氏晚年成了胡適與江冬秀共
同的朋友。

1934年，曹珮聲去康奈爾大學農學院深造。出國以前胡適
在同年8月8日，自北平米糧庫4號寫了一封信給韋蓮司，請她
就近照顧珮聲：

我很冒昧的向你介紹我的表妹曹誠英（珮聲的學名——
譯者案）。她正擬去美國進研究所學育種學，她可能
會在康奈爾待兩年。

> 她在南京中央大學所做的研究工作是棉花種籽的改
> 良；她的老師，大部分是康奈爾的畢業生，鼓勵她去
> 康奈爾進修。
> 她是個自費生，由她在天津北洋大學教書的哥哥支助
> 她。〔因此〕，她得節儉過日子，還得學口語英文。
> 你能在這兩方面給她一些幫助和引導嗎？

韋蓮司究竟如何照顧曹珮聲，目前沒有資料。但胡適能向韋蓮
司提出這樣的請求，已可以看出韋氏之人品、胸襟為何如！兩
人之交情又為何如了！

兩次打擊

在胡適一生之中，有兩次重大的打擊，對他往後的發展起
了決定性的作用。第一次是1910年2月10日深夜，在上海大
醉，被拘入巡捕房的事。這件事給了他一個痛切反省的機會，
並下決心擺脫當時一班酒肉朋友，從少年荒唐的生活中覺醒過
來，發憤預備庚款留美的考試。這個故事，胡適在日記和中英
文的自傳中都曾說到，是大家所熟知的 [12]。另一個打擊則發生
在康奈爾大學，也對胡適起了相當警惕的作用，激勵他往後在

---

12 有關這次酒醉被拘的事至少在以下幾處提到：(a) 1910年2月13日
　日記，在《胡適的日記》（香港：中華，1985），頁21-22。(b)《四
　十自述》，頁93-98。(c) Hu Shih, "My Credo and Its Euolution",
　in *The People's Tribune* (Feb 16, 1934)，頁229。

哥倫比亞大學努力學習，這個故事在一封1927年1月14日的信
裡有頗詳細的敘述：

> 我寫了一封長信給Thilby教授，向他報告我的近況。
> 我很難過他以為我對哲學系沒有興趣。其實，我對哲
> 學系教授的感激是超過他們所知的。我在康奈爾人緣
> 太好，活動太多，這對我的功課是不好的。Thilby教
> 授從不掩飾，他對我外務太多感到不快。別的教授，
> 尤其是Creighton教授也覺得不高興。我清楚的記得有
> 一件事讓Creighton教授非常不愉快。有個日本佛學教
> 授要來康奈爾演講，Creighton教授要我去車站接他。
> 我沒能接受這個差使，因為那天我自己在波士頓有個
> 演講。我看的出來Creighton教授很不高興，而我也覺
> 得很難過，因為他是我最想討好的一個人。
> 我的哲學教授們對我所做最好的一件事是他們在1915
> 年沒讓我通過哲學系聖哲獎學金的〔申請〕。這個事
> 情把我從睡夢中驚醒。為了自己能專心於學業，我決
> 定把自己隱沒在一個像紐約這樣的大都市裡。在1915
> 年到1917兩年之間，我非常用功。這些刺激全是來自
> 康奈爾的教授。我不想讓他們失望，他們所寄望於我
> 的，顯然比我表現出來的要高。
> 這是我第一次用英文來說這件事。可是我經常把這個
> 故事告訴我在北京的學生，和我在中國的朋友。我告
> 訴他們「成功常常慣壞一個年輕人，而失敗卻能致以
> 激勵。」我的事業是由兩個重大的失敗所決定的：第
> 一件是1910年的一個夜晚，我喝得大醉，和巡捕打起

> 來了，並受了輕傷——這件事讓我反省，結果我進了
> 美國大學；第二件是我在康奈爾沒取得獎學金，這讓
> 我用功學習，並試著為自己贖罪。

胡適顯然把沒有取得獎學金這件事看得極為嚴重，否則他不會
在十二年以後，還在信中如此細述。

在同一封信裡，胡適感嘆歲月消逝年紀漸增，但韋蓮司在
他心目中，卻是永遠年輕的：

> 在你寫給我的信裡說：「我老了，〔頭髮〕也花白
> 了。」讀到這幾句話，我有些悲傷。我也老了——至
> 少，也老了一點兒。四年前，在上海我應邀參加一次
> 宴會，是我的一個老學生為了慶祝他孫女的滿月酒。
> 我坐在宴席上，忍不住感到有些好笑，按照中國的習
> 俗，這個新生的嬰兒得叫我曾太老師了！
>
> 然而，對我來說，你是永遠不會老的。我總是把你想
> 成一個永遠激勵啟發她朋友思考的年輕的克利福德
> (Clifford)。我會永遠這樣想念你的。
>
> 就這一點來說，我也還和以前一樣年輕。我簡直不能
> 相信，你我〔在一塊兒的時候〕，我們〔會覺得〕
> 老。你且等著我，我們再一塊兒散步，一塊兒聊天，
> 我們再重過年輕的日子。

胡適與韋蓮司1927年的重逢在3月初，大概相聚了兩三個星
期，胡適又匆匆西行了，在一封3月31日寄自科羅拉多州丹佛
市的明信片中有如下一段話：

> 這張明信片到達綺色佳時，我已到了太平洋岸。然而
> 整個〔美洲〕大陸也阻隔不了我對綺色佳的魂牽夢
> 繫。

胡適所魂牽夢繫的又豈止是那個凱約嘉湖畔的小鎮呢！

　　胡適是1927年4月12日離開西雅圖的，在船開的前一天，4月11日，還發了封信給韋蓮司，其中有一小段談到這次久別後的重逢：

> 我真喜歡在你家的兩次造訪，唯一的遺憾是我無法待
> 的久些。

　　胡適在回國的途中，訪問了日本，住了二十三天，遊歷了箱根、京都、奈良、大阪等地。1927年5月17日，在神戶上船回國的當天，又給韋蓮司發了一信，表示了他對全面清黨以後的政局，懷著一定的信心和樂觀：

> 經過在日本二十三天的停留，我今晚就要啟程航向上
> 海了。
> 所有我在上海的朋友都打電報或寫信告訴我，勸我不
> 要在此時回中國。我已經盡可能試著在日本多留幾
> 天。但是這種動盪的情形對我是很不好的。我覺得緊
> 張，有時甚至失眠。所以我決定回到上海，要親眼看
> 看到底是怎麼回事。
> 要是情況〔很糟〕，打破了我的樂觀主義，我會回到
> 京都，定下來工作。
> 我想上海朋友的看法並不正確。他們過分考慮到我自
> 身的安危，他們只是不要我捲入政治的漩渦。他們也

許是過多受了眼前局勢的影響，因而看不清事情的眞
相了。

……

四月的政變(意指國民黨清黨——譯者案)似乎是走向
一個對的方向。國民黨似乎有意振作一下。但是代價
太大了！這也許會大大減緩革命的進程；這也可能意
味著〔新文化〕運動的倒退。但是無論代價多高都是
值得的。我的許多老朋友都站在南京政府的那一邊。
這個政府代表溫和派和自由派。

類似的話在〈追念吳稚暉先生〉一文中，也曾說過，可以參
看[13]。

　胡適這封信的最後一段說到他的訪日觀感。胡適第一次去
日本是在1910年8、9月之間。這年他考取庚款留美，在赴美途
中取道日本，他曾到長崎、神戶、橫濱等地遊覽，這時日本給
他的印象是極不堪的：

過日本時如長崎、神戶、橫濱皆登岸一遊。但規模之
狹，地方之齷齪，乃至不如上海、天津遠甚。居民多
赤身裸體如野蠻人，所居屬矮可打頂，廣僅容膝，無
几無榻，作書寫字，即伏地為之。此種島夷，居然能
駸駸稱雄世界，此〔豈〕非吾人之大恥哉[14]！

---

13 參看：胡適，〈追念吳稚暉先生〉，收入《胡適選集·人物》
　　（台北：文星，1966）。

14 胡適，〈致胡紹庭、章希呂、胡暮僑、程士范〉，在耿雲志、歐
　　陽哲生編《胡適書信集》，上冊，頁16。

這段話中充滿了鄙夷的口吻。

十七年以後，胡適舊地重遊，真讓他有天壤不同的感覺：

> 日本給我的印象深刻極了。如此巨大的進步在過去十
> 年之中完成！在和東京和其他現代的城市裡，人力車
> 已經不見了。這既不是佛教，也不是孔教，也不是基
> 督教所造的福——這只是物質進步的一個自然結果！
> 這是何等的一個教訓！

從胡適寫在不同時期這兩段話裡，可以看出二十世紀初年日本
飛躍的進步。

胡適回國以後，由於政局的動盪和種種個人的原因，幾乎
有整整四年的時間沒寫信給韋蓮司，這也是兩人交往五十年之
中，音信中斷最長的一次。

知交萬里外

和胡適的生平相比，我們對韋蓮司的所知實在非常有限。
從現存二十年代，她寫給胡適的幾封信裡，還能勾勒出一些她
思想的輪廓、生活的側影，和她對胡適的情誼。

一封寫在1920年5月2日，發自北卡羅萊那州（North Carolina）
Tryon鎮的信裡，談到胡適母親和她父親去世的事，很反映一
些她對人生的看法：

> 〔在得知你母親去世的消息之後〕，我首先想到的是
> 人天永訣的悲痛，但繼而一想，她看到你回到中國，
> 結婚，並即將生子，延續她所賦予你的〔生命〕，這
> 些事再加上你能令她引以為榮的成就，她一定是很高

興的。在十年裡，你所做困難的決定，現在看來是對的。對一個深知你曾有過內心掙扎的人來說，你堅持學成以後回國，正是對你母親最好的報答。複雜的生命是如此有限，讓許多想做的事無法完成，但，你，一個哲學家，是不會為這些不可避免的局限，而活在悔恨中的。

你目前的成就已經讓我驚歎不置，許多事我以為需要多年的耕耘才能成功，你卻在第一年就完成了。能為一個人感到如此驕傲，是一件極美好的事。……你論〈不朽〉的文章，上個月就收到了，看到你那明敏的心智，我高興極了。……

你和父親都把我慣壞了，你們教我，而不把我送去學校……。

我要告訴你一些在別處得不到的消息。姐姐去年重病，但現在有了進步……。

兩年前，父親過世，我沒寫信給你，但你現在應該知道這件事。你不必難過。死亡是生命的一部分。他的一生是如此豐富，而我們把握了每一個環節。我們應該為有過這麼多年美好的歲月而感到高興。最初我不想寫信給你，因為沒有人比你更了解我和父親親近的關係。……你深知他給了我什麼——哲學上的知識沒有科學上的那麼多。……

我們常想到你的妻子和孩子，他們都好嗎？要是一切都好，那正是我們所樂聞的。在你前幾封信裡，你曾

> 說結婚是感情上的新經驗。……在一天忙碌之後，想
> 到好妻子和家，必定是件樂事。

從韋蓮司勸慰胡適母喪，和對自己父親亡故的態度，都可以看
出她是一個極理性的女人，這一點和胡適是很接近的。韋蓮司
把胡適與自己父親相提並論，並視爲自己成長過程中的老師，
可見胡適影響韋氏之深。在信中，她特別提到「我常想起你的
學問和明快的思想。」在《胡適留學日記》中，也有類似的話
贊揚韋氏。

韋蓮司的父親在1918年過世以後，她與母親同住，在早
期的信裡（1915年2月22日），她曾向胡適抱怨過，她母親過分
在感情上依賴她，她覺得自己太敏感（unduly sensitive），不易
與人相處。

從一封1923年1月24日的信中，可以看出她和母親的關係
有了改善：

> 母親和我兩人住在這幢你所熟知的房子裡。我姐姐一
> 年多以前去世，有三年的時間，我們朝夕相處。
> 母親非常好。你會看到少許令人感傷的上了年紀的痕
> 跡，但是她依舊有精神、熱心、熱情——誠如你所
> 知，一個熱愛生命的人……。

1923年3月12日，胡適接到此信後，從北京，鐘鼓寺14號
寫了一封回信：

> 你1月24日的信是今天晚上到的。這封信所帶給我的
> 喜悅是超過筆墨所能形容的。我樂聞韋蓮司夫人身體
> 健康，你一切無恙，並喜歡你的工作。你對令堂極傳

神的描述……使我憶起了一連串我和她共處美好的夜
晚——有時你在場，但經常是你不在。這是我最羨慕
你的一件事。

我兩年前聽到令尊去世的消息……我最大的一個遺憾
是在和你長期的交往之中，我竟沒有進一步認識韋蓮
司教授的機會。

你姐姐去世也讓我非常難過。看著去年聖誕節寄來的
你家照片，想到我在那所房子裡認識的兩位好朋友都
已離開人世，我忍不住覺得悲痛！

你看到我手寫的英文這麼槽，這就是我過去五年來必
須作一種自我犧牲的證明。回到中國以後不久，我發
現無法再和海外的朋友保持聯繫。後來，我差不多完
全不寫私人的信件了，如你所知，我是個喜歡寫信的
人，而寫信也是我教育中，極珍貴的一部分。幾年
來，我幾乎沒寫過一封私人的信！

我經常責備自己這種不通人情的作法，可是我完全不
能同時作戰，而又保持私人信件的往返。我希望在我
私人的信件中能為這不尋常的幾年留下一些我個人感
覺的紀錄。然而，這是超乎我體力所能做到的事。我
相信，在朋友們知道我過去五年是如何忙迫的時候，
他們都能原諒我的。

但我常想，這樣的犧牲對我是很大的損失。我怕這樣
的作法，使我變得不近人情。我多麼喜歡我生命中最
值得紀念的幾年啊——1914到1917年——沒有一天
沒有一封給你或其他好友的往返長信！我常想這樣的

日子還會回來嗎？且讓我們希望，這樣的日子會回來的！你的來信已經為舊日好時光的重來做了一個開端！

在另一封信裡，我寄了兩張照片給你，我希望會在4月17日你生日之前到達。……

這封信寫的很長，接著胡適談到自己回國以後五年之中，家庭生活，健康及工作等情形：

六個月的病使我中斷了一段教書的時間，那是在1920年到1921年。去年11月我又病了，至今尚未痊癒。這個病是一種神經的緊張（Trofo-Neurosis），但我知道並不嚴重。唯一的不方便是在連續坐著工作二、三小時以後所引起的背疼。

在國立大學教書五年以後，我可以有一年休假。去年春天，我要求休假一年，結果反而被教授評議會選為教務長。這個改變使我暑假都無法休息。7月裡，我痔瘡開了刀，手術七天以後，我就得回去工作。到了11月，我又病倒了，許多朋友都勸我休息，到了12月，校長才給了我一年休假。

目前，我是一個自由人——五年來，第一次獲得自由！五年來，很少有我自己的時間。我現在除了星期四和星期五編我的小周刊《努力周報》以外，我有時間作自己的事。

我現在得說一點自己的這個小寶貝《努力周報》。過去五年來，我發表了超過五十萬字，大部分是有關文學、哲學和社會議題的文章。在五年漫長的時間裡，

　　我克制自己不談有關政治的議題。但是我終於忍不住
　　了，在去年5月開始了這個小周報，主要是政治問
　　題，但並不完全排除文學和哲學的文章。這個周報相
　　當成功，上星期日，出版了第四十三期，發行量達到
　　八千份。周報上主要都是我的文章。每個月出版一個
　　增刊，叫《讀書雜誌》。我把自己有關中國文學和哲
　　學的研究成果發表出來。……

在胡適中文書信中，很少看到篇幅如此長，內容如此詳細談到
自己的事。

　　韋蓮司收到這封長信之後，從1923年5月2日到9月8日，時
斷時續的用打字機打了一封長達八頁的回信，並在信首附了一
張小條：

　　經過長途的傳遞，我不知道你女兒還會喜歡這個薄荷
　　花葉的芬芳嗎？

　　在看了胡適全家照以後，韋蓮司有如下一段話：

　　你小兒子聰慧的臉龐給我們留下了深刻的印象，我清
　　楚的記得你妻子的照片，現在你們是一家人了，這是
　　值得快慰的。

韋蓮司在信中一再對胡適的健康表示關切，甚至建議他赴美就
醫，其中有一段甚有趣，摘譯如下：

　　白特生夫人(Mrs. Patterson)稍早告訴我，你患了嚴重
　　的糖尿病。北京有胰島素了嗎？要是還沒有，而醫生
　　覺得胰島素對你有用，請盡快通知我們，我們會立刻
　　寄去。

　　胡適直到1958年，還在爲他得過糖尿病，後由中醫治好的
傳說「闢謠」，在一封4月12日覆余序洋的信裡明白指出：
「我一生從沒有得過糖尿病。……造此謠言的中醫……竟筆之
於書。此事真使我憤怒。」[15]

　　有趣的是，胡適得糖尿病的謠言，竟在1923年已經傳到了
綺色佳這個小鎮！

　　接著韋蓮司說到自己的健康，因爲三年來日夜照顧重病的
姐姐，過分勞累，患了心臟衰弱，結腸炎和神經衰弱等病。

　　1924年5月10日，韋蓮司又有信給胡適，對胡適寄去妻子
和孩子的照片，大加讚揚：

> 你妻子和孩子的照片又可愛，又有趣。真高興你寄給
> 我們，你的妻子甜極了，我希望有一天能和她會面，
> 我覺得好像認識你長子。那個小嬰兒是個謎
> （enigma）──不知道將來會變得如何。素斐很可愛，
> 將來會是一個有趣而活潑的淑女。從思杜眼神中看出
> 一個敏慧的心靈。

1924年，韋蓮司找到了康奈爾大學獸醫學院圖書館的一個工
作，一待二十二年，直到1946年退休。這也是她一生中唯一正
式的工作。在1924年5月10日的信裡，對這個工作有比較詳細
的描述，對了解她工作的內容是很有幫助的：

> 我一定得告訴你我這個了不起的新工作。我被任命為
> 大學圖書館支館的一個圖書館員，可是你知道是那個

---

15 見耿雲志、歐陽哲生編《胡適書件集》(北京：北京大學出版社，
　共三冊)，冊3，頁1347-48。

支館嗎？獸醫！聽起來眞像一個笑話。可是，這是一
個大小適中而又活動很多的圖書館，館中全是科學的
藏書。我一個人負全責，我有機會學到圖書館工作所
需的一切，我希望這對我很有用。目前，這個工作給
了我們迫切需要的額外收入，雖然數目並不大。在獸
醫學院旁邊加建了一排照明良好的房子，剛剛竣工，
上星期我們正在遷往新址，即使只是搬個小圖書館
（一萬到一萬兩千冊藏書）也不是一件容易的事……。
接觸到這個新工作很有趣，對我來說，我得學這整個
新系的重要性，和工作的內容。目前，我沒有時間、
精力做其他的事。

　　韋蓮司第一次向胡適比較清楚的表示男女的愛情是在1927
年3月初，胡適重訪綺色佳之後，韋蓮司寫信，往往是若干天
寫一段，然後把若干段集成一封信寄出。在一封從1927年3月
30日寫到4月6日的信中，談到分首十年以後，重聚的一些感
想。

　　4月5日，有如下一段：

我〔在信中〕不會寫任何東西是對你妻子不忠實或不
體貼的（我相信並沒有這樣的東西在我心中）。你妻子
一定是非常愛你的。

把你看作是我少有的一個好朋友，這並不是對她〔你
妻子〕的不忠。你總是給我心智上的啟發，我非常喜
歡，我並不要任何其他的東西。你們兩人（胡適與江
冬秀）同是一個不合理制度下的犧牲品。她可能不很

> 清楚，而你是完全了然的。你有許多許多機會，而她
> 卻沒有，結果問題當然是出在對情況清楚的那個人的
> 身上。畢竟，我們只能談該怎麼過現在的日子，而不
> 是談夢中的情況。你已經證明你自己是個勇敢而堅貞
> 的人。
>
> 尋求了解比理想化一個情況要有價值的多，對不對？
> 我們從最近的談話裡學習到，嫉妒和愛情的關
> 係，……。
>
> 理想化只會引向虛幻，而虛心的尋求了解卻能引向意
> 想不到的同情。

分首十年之後重會，免不了談些當年舊事，但無論過去是如何
的美好，也無補客觀的現實，理想化一個不存在的夢境只是逃
避，更重要的是面對真實的生活。韋蓮司在了然於「往者不可
追」的情況下，又在第二天(4月6日)，寫了下面這段話：

> 讓你走，是如此的艱難，老友——但是你留下來也不
> 會有什麼好結果。生命充滿了離合聚散，在離合和聚
> 散之間，我們工作。

這段看似了悟的話，其中含著多少無奈和辛酸！

胡適與韋母

在胡適與韋蓮司交往的過程中，韋母 (Mrs. Harriet H.
Williams，死在1932年)扮演了一個相當重要的角色。從現有的
材料來看，韋母是個好客，擅於交際而且熱忱接待留學生的教
授夫人，對胡適更是照顧有加。她對女兒管教較嚴，但她對韋

蓮司與胡適的交往，並沒有積極干預的文字材料。在現存韋蓮司給胡適的信中，還保存了七封韋母給胡適的信，其中有四封僅署月、日而未記年，但從信的內容看，1915年一封，1917年兩封，1919年一封，1927年三封。從這幾封信裡，不但可以看出胡適與韋蓮司夫人的關係，也看出韋夫人之爲人，與韋蓮司小姐生活的一些側影。我摘譯其中一部分。

胡適是1915年9月20日離開綺色佳康奈爾大學，轉往紐約哥倫比亞大學的，到了紐約以後，繼續與韋母保持聯繫。在一封1915年11月9日寄自綺色佳的信中，韋母寫道：

> 幾個星期過去了，沒寄一個字給你，你以爲我不想你，那是不對的！我老想著你，有時甚至覺得揮之不去，但是，這幾天我的情緒頗低落，有時我累得無法從低落的情緒中振作起來，所以我想最好還是別在情緒低落時去打擾別人。今天，陽光燦爛，我精神較佳。
>
> 昨晚收到你寄來的《中國月刊》(*Chinese Monthly*)，我看得非常有興趣，昨晚我花了大半夜仔細讀了一遍，我想你說的很好，而且切中要點。……
>
> 爲什麼現在的年輕女子都爲所謂「事業」(careers)而瘋狂，似乎妻子和母親都不是「事業」，其實爲人妻、母，是生命所賦予既能發展又有重大意義的一種機會。……
>
> 親愛的朋友。歡迎你隨時回家，你會回來嗎？

韋夫人在「家」字(home)之下，特別劃了一條線，表示我的所在，就是你的家。信中還提到了不少其他的朋友，和家中瑣

事，可見，胡適在韋家真是個常客。韋母在信中提到女子爲
「事業」而瘋狂一段，正是她和女兒衝突之所在。韋母基本上
還是相信女人的職志在做「賢妻良母」，而韋蓮司則要做獨立
自由之個人，在這一點上，前文已提及，胡適大受啓發，並同
情韋蓮司。

胡適在回國之前，曾專程去綺色佳，寓韋家數日，話別辭
行，1917年6月14日離開綺色佳。同年10月19日，韋母有信寄
胡適，可以看到韋蓮司當時生活之一斑：

> 你長時間沒來信，讓我們覺得有些不安。當然我們
> 〔從報上〕讀到中國非常混亂的情形，而你在上封信
> 中說到，你正向內陸進發。但即使如此，我覺得現在
> 是應該收到你來信的時候了。在我忙亂的生活中，我
> 非常想念你。我是忙外頭的事，我女兒是忙畫室裡頭
> 的事——她可能已經寫信和你說了。我給了她那間大
> 臥房（在畫畫兒那間屋子的樓上）來做為她的畫室，家
> 具都搬出去了，牆壁會照著她的品味重新做過，在她
> 的畫室裡，她至高無上，沒人打擾她——她過她自己
> 的日子。我們只在晚上和吃飯的時候見面。她見她想
> 見的朋友，其他人見不到她……。
> 樹葉正在變色，伏牛花（barberry）的樹叢非常艷紅而
> 美麗，你一定還記得走向前門時的那番景象。女兒和
> 我晚上兩人獨處時，相互念所看的書給對方聽……今
> 日世界無疑的是在大苦痛之中，但善果終將從大混亂
> 中脫穎而出，許多罪惡將被消滅，而人的特質將在浴

火中重生。我希望你健康並感到真正的快樂。請你寫
信來，告訴我你的家庭生活和你自己的情形。再見，
親愛的朋友——請代向你崇敬的母親和江冬秀小姐問
好。

　　離上封信發出不到兩個月，韋母在胡適生日前一星期，
12月10日，又寫了一信給胡適，在信中，對胡適未能信奉基督
教，大表遺憾，是一封極有趣的信：

親愛的朋友，自從上次寫信給你以後，我們辦了一個
招待中國學生的晚會（evening reception）……來了大概
三十個人，大家都很盡興。……

我經常想到你，也非常想念你。你的每個老朋友都感
到不安，因為我們都沒有你的片言隻字，加上看到中
國混亂的情形，我們越來越擔心了。你的生日就在這
個星期，我要藉此寄上最佳的祝願。

我最大的願望是你能接受並徹底的相信我們所敬愛的
耶穌基督，並在你的生活中感受到需要主。生活在主
的世界裡而沒有主，這樣的生活不會是個真正的成
功。主為中國人而死，正如同他為許多不同的人種而
死。你回中國而沒有成為一個基督徒，對我來說是很
難過的一件事。〔要是你成了基督徒〕，你對你祖國
正面的影響將會大的多，我會為你禱告，也希望你為
自己禱告……。

女兒很健康，看來也很快樂，她工作，遊戲，她在此
地有許多好朋友。她很喜歡她的畫室，畫室裡有個火
爐〔取暖〕，沒人打擾她。除非有她的邀請，沒人能

進她的畫室。請代向令堂及夫人(如果你現在已有妻
子)問好。無論如何請來封信！難道我們寄給你的信
都丟了嗎？

再見，親愛的朋友！

從《胡適留學日記》與胡韋來往的書信中，可以看出，基督教
的教義是胡適與韋母經常討論的一個話題。1911年胡適初到美
國，曾有一度幾乎成為「耶氏之徒」，但事後立刻了悟到「他
們(教徒們)用『感情的』手段來捉人，實是真情。後來我細想
此事(教徒們之見證演說等)，深恨其玩這種『把戲』。」[16]

韋母顯然是個虔誠的基督徒，而能容許胡適這樣一個無神
論者的「異端」，時時來住家中，並與女兒過從，也可見其容
忍寬大的一面。

胡適母親馮太夫人死在1918年11月23日，胡適在1919年3
月3日有信給韋蓮司報告母親過世的消息，韋母在5月30日，獲
知胡母亡故之後，有一封情詞懇切的信安慰胡適，並在信中提
到韋蓮司如何照顧她重病的姐姐：

克利福德小姐告訴我，在你3月3日的信中說到你經受
了大哀痛——你母親在等了你十一年之後，只能有這

---

16 見《胡適留學日記》，冊1，頁44-49。

1911年6月18日日記有「自今日為始，余為耶穌信徒矣。」(頁44)
一條。

有關胡適與基督教，參看：

Min-chih Chou, "Christianity", *Hu Shih and Intellectual Choice*
(Michigan: The University of Michigan Press, 1987), pp. 39-58.

麼短暫的相會。在我看來，無論你母親是如何的不自
私，在她死前，竟無一人要你回去，這是殘忍的，可
是，天啊！現在都已成過去，她悲哀的一生也已過
去。我相信，她現在的靈魂比以前任何時候都覺得更
充實喜樂。我也是如此想我〔已故〕的丈夫的。我們
後死的人總免不了思念故去者的軀殼，但我們只要心
存一念，就可以感受到我們是很接近已逝的親人的。
我們對你致以最深沈的慰唁，因為我知道你對你母親
是敬愛有加的。

我的大女兒病的很厲害，從古巴(Cuba)回來以後，略
復元了一些，我們希望能把她接到綺色佳來，但她非
常虛弱，心臟也不好。過去一年來，克利福德小姐
（即韋蓮司）日日夜夜都在照顧她。她（韋蓮司）把她
（韋姐）帶到古巴，在那兒陪她度過了冬天。回到國內
找到了一個合適的地方和小房子，然後再把〔她姐
姐〕Miss Charlotte帶來。我們希望不久以後就能把我
們所愛的病人帶回家來。她很想回家。我的兒子
Roger和他的妻子計畫在6月21日回康奈爾參加建校50
周年的慶典。

我相信此刻你妻子已和你團圓，並相互感到快樂和滿
足。當然，我們覺得很難過，也很失望，你似乎忘了
我們，但有人告訴我，這在回到中國的學生是相當平
常的。

有件事我覺得很有趣，照你所說，你們的語言，書面
和口語正在合流。我非常高興，你和你的國家走上了
這條路，這會在多方面幫助你們。

我們活在一個多麼複雜又有趣的時代。但願我們還能
再做一次長談，我們不是有過那些好時光嗎？我們定
時聽到趙〔元任〕先生的消息，非常高興他要回康奈
爾。請代向胡夫人致意。

從這封信我們得知，韋夫人有一子二女，長女名Charlotte，曾
住古巴，是個長年的病人，行動不便，克利福德・韋蓮司曾長
期盡心照料這個重病的姐姐。胡適回國後，不常給韋母寫信，
但韋母還常念著他。

胡適留學回國後，重訪韋蓮司於綺色佳是在1927年3月
初，韋母在4月3日有信給胡適，對胡適這次造訪，有親切的回
顧，從信中也可看出胡適是個怎麼樣的客人：

> 星期天上午
> 綺色佳
> 1927年4月3日

親愛的胡適博士：

因為咳嗽，我還是不能出門，此刻正坐在你的房間
裡，從吸墨紙上還可以看出你寫過字的痕跡，所以就
某個意義來說，你還和我們在一起。當然，直到你至
少兩年以後再來時，你的精神總會和我們在一起，到
時你會帶著胡祖望一起來——我們會如何高興的來歡
迎你的兒子和他受人尊敬的父親啊。

當然，我們很想念你。我很遺憾，因為身體不好，錯過了許多和你談話的機會，許多話題一定是非常有趣的。我希望，對我們兩人而言，交換意見是好的，兩個人在意見上一致，意義是不大的。你在此的時候，我一直生病，多承你擔待，下次再來時，我一定要試著振作起來。

附在信裡的支票，是退還你給伍爾特（Walter）（韋家的管家）過多的小費。他告訴我你給了他多少錢的時候，我說：「你都收下了嗎？Walter？」在聽了他的回答以後，我說，「我真為你（Walter）覺得不好意思。」「你怎麼沒拒收呢！」他說：「胡博士不會喜歡這樣的。」我說：「可是，他會更尊敬你的。」所以出於我家的尊嚴，我必須至少退還四塊錢給你 [17]，你可以給孩子買兩件小禮物，或者做你想做的，可是〔如此大筆〕的小費，在我家是不允許的。

你是個十全十美的客人，做到這點是一種高度的藝術——你是一個基督式的君子。對這一點，我的印象是越來越深刻。換句話說，你有我們敬愛的耶穌基督的特質，他是一個有神聖品質十全十美的人。

You are a perfect guest, and to be that is a fine art--you are a Christian gentleman. More and more am I impressed

---

17 四塊錢，以現在的幣值論，當然不是個大數目，但我看了當時美國國內信件，郵資只需一分，現在是三十二分，若以郵資論，當時的四塊錢，相當於現在美元一百二十八元。

with this fact all the time. In other words you have the characteristics of our beloved Jesus Christ who was the one perfect man with the divine nature.

我們希望你能從長途歸程中得到休息，舟行海上的時候，不要再工作。願和平很快的降臨在你的父母之邦，而外國人離開你光輝的祖國，讓中國自己料理好一切事物。寄上我們大家的問候。

母親──朋友

Harriet H. Williams

謝謝你的明信片，我們每人都有一張。

這封信我全譯，並附了一小段英文的原文。因爲從胡適給管家小費的這件事上，最能看出他對人的周到、體貼和慷慨。而胡適以一個無神論者的異端能贏得韋母───個虔誠的基督徒──如此崇高的讚譽，可見胡適之爲人爲如何了。

信中提到的管家伍爾特，在1945年過世，他知道胡適有收集火柴盒的嗜好，替胡適收集了不少。胡適在聞知死訊後，有信給韋蓮司，對伍爾特大表感激（參看〈卸任之後〉一節）。

從韋母給胡適的信中，可以看出，她很關心中國的情形，並對中國的處境表示相當的同情。在一封1927年2月4日的信中，有如下一段話：

與其說我爲中國的情況感到不安，不如說我爲我們兩個英語國家的作風感到憂慮，我覺得我一定要你和我說些事情。我希望每個外國人都能離開中國，讓中國自己來處理內政而不予干涉。中國是有能力的，同時

也知道做什麼對老百姓最有利,沒有任何其他國家能
做這件事。

在為數不多的現存信件中,類似的意見曾兩度表示,可見韋母
在國際事務上,有她比較進步的看法。就這點而言,韋蓮司小
姐有和母親相似的地方。

短暫的重逢(1931-1936)

芝加哥大學文化講座

　　1931年3月25日，胡適從北平米糧庫4號的家中，寫了一封長信給韋蓮司，打破了近四年來不寫信的沉寂，並敘述了在這段時期中，自己所從事的工作。信是這麼起頭的：

> 我希望這封信能在你生日前，或〔4月〕17日，你生
> 日那天寄到。我收到了你寄來的信和書。……

接著胡適為自己這許久不寫信深致歉意，並說「請容我向你保證，我從未忘記過你。」他解釋道：

> 1927年我回國以來，所以一直沒有寫信給你是因為我
> 們國家動盪不安的政局，而我也不確定自己的立場是
> 什麼……接著我就把自己投入了中國白話文學史的寫
> 作。……
> 1928年秋初，我發表了一系列評論當前政治問題的文
> 章，這讓我和執政黨有了公開的衝突。1928年5月我

就任中國公學校長，到1930年5月，馬君武博士接任
這個工作為止。我對〔國民〕黨和〔國民〕政府的批
評並沒有嚇走學生，到1930年，學生人數已經從三百
人增加到了一千一百人。

胡適信中所說與執政黨的衝突主要是指他在1929年夏秋之間，
在《新月》雜誌所發表的幾篇文章，如〈人權與約法〉、〈知
難行亦不易〉、〈什麼時候才可以有憲法〉、〈新文化運動與
國民黨〉等。在這幾篇文字裡，胡適把國民黨描繪成了一個在
政治上獨裁，而在文化上反動的政黨，引起國民黨人極大的不
安和憤怒 [1]。

在這封信的最後，胡適寫道：

希望這封信是我在長久不寫信以後，一個新的開始。
要是我要這封信在〔4月〕17日以前到達你手中，我
現在一定得停筆了。衷心的祝願你生日愉快。

1933年6月18日，胡適自上海起程赴美，應芝加大學之
邀，作賀司克爾講座（Haskell Lectures），講《中國文化之趨
向》，共十二天（7月12日至24日）六講。同年10月5日由西雅圖
搭船轉溫哥華回中國。這次訪問，在北美僅停留了三個月，奔
波於美、加兩地，疲於寫講稿及應付訪客。但在極緊湊的日程
裡，胡適曾兩度去綺色佳看韋蓮司，第一次在9月上旬，第二
次則在9月24日，只在綺色佳待了十五小時，坐當天晚上夜車

---

1 這幾篇文章，與羅隆基、梁實秋等人的文字，集印成了《人權論
　集》（上海：新月，1930），可以參看。

回紐約。我所以細述這段經過，是因爲目前所出胡適年譜、日記和尺牘都缺這次美國之行的紀錄，這些資料可供傳記作家參考。

這次胡適在北美的時間雖然很短，但寫給韋蓮司的信卻不少。在短短的三個月裡，現存的信還有十四封。是胡適在1927年返國以後，與韋蓮司通信最頻的三個月。

1933年7月4日，在一封寄自溫哥華，加拿大太平洋旅館的信中，胡適寫道：

> 在我離開六年以後，我又再度來到〔北美〕大陸。
> ………
> 我眞希望能去綺色佳看你和你母親，還有我康奈爾的師友。在我知道我的計畫（或者，說的更確切一點，是他們爲我訂的計畫）以後，我會打電報給你。
> 今晚我發了一個電報給你。祝你健康。
> 要是我去綺色佳，我不希望做公開演講或談話。目前我很累，芝加哥〔演講〕以後，恐怕會更累。當然，我覺得有義務說話，但在〔現在〕這種時候，不說話可能比較聰明，也比較善辯。在我聽了日本友人新戶部博士和鶴見先生以及其他人在這個國家所發表的談話以後，我對談時事的問題，深感鄙視。然而，我也許會被拉進去做這件事。但是我會盡量避免。
> 寄上衷心的祝福，我親愛的克利福德。

胡適是7月4日到溫哥華的，當天晚上發了電報，又寫了信。7月5日，又有電報，再告以行程。

1933年7月5日韋蓮司在接到胡適電報之後，立刻回了一

信，表示熱忱歡迎：

> 我從離東岸還有四分之三個美國大陸的〔綺色佳〕歡
> 迎你，胡適！謝謝你的電報證實了我聽到的消
> 息。……當然，我希望你能來，還有許多朋友也都急
> 切的想看到你。
>
> 你想不想安排一個演講？暑期班剛開始；〔若能給個
> 演講〕，無疑的他們會覺得很榮幸。
>
> 如果你來，318號（作者案：韋蓮司此時住在318 Highland
> Rd. Cayuga Heights, Ithaca, N.Y.）有房間歡迎你用。屋
> 子裡住了幾個講師和研究生，你可能覺得有些改變，
> 但希望不至於覺得不自在。……

7月10日，韋蓮司又寫了一封較長的信，說到她母親過世
後的情形，並切盼胡適去綺色佳：

> 你的信剛到。從你上封發自溫哥華的信到現在，似乎
> 已經很久了。你六年不在，許多老朋友都有了變化。
> 在你的朋友當中，Guerlac教授和我母親都過世了。我
> 母親是1932年4月過去的，我沒寫信給你，以免驚動
> 你，那是完全不必要的。
>
> 〔母親過世後〕，我立即想賣房子，但頗不容易。出
> 於必要，加上運氣不錯，房子租給了講師和研究生，
> 很幸運的，我也保住了工作。收入大減，但稅收和維
> 持費用卻很高。我就像一隻有氣無力的蒼蠅被黏在一
> 張捕蠅紙上！（像今天這樣晴朗涼快，捕蠅紙是個相
> 當可愛的地方！）
>
> 我希望，至少在一段時間之內，你不要接受太多額外

的演講。你會發現，日本人的演講對輿論影響很有
限，至少在東岸是如此，你可能覺得有義務發表演
說，但如你所說，沈默反而更善辯。

如果你能保留7月28日至8月1日這段時間，徹底休
息，對你會很有好處。我保證你得到寧靜，休息並恢
復疲勞。這段期間，我們可以用我的「雪佛蘭」車子
去觀賞美麗的鄉間，在平靜的湖邊野餐。即使躺在院
子裡的樹底下也是很清新的。所以，我希望你無論如
何保留住這幾天，作為你忙亂行程中一個喘息的機
會。

如果不是太麻煩，我想看看對你演講的報導，希望報
上的報導不是太不清楚。當然，更好的是在你演講結
束時，我能看到講稿。

如果太麻煩，就別寫信，我完全了解你的時間有多緊
湊，而一個人要做這許多事又有多困難。在你確定來
此的日子後，請給個電報。

從這封信，我們可以看出：1932年4月韋母過世以後，韋蓮司
基本上過著獨居的日子。胡適在康奈爾大學做學生的時候，韋
母對胡適極為照顧，經常請胡適吃飯，並與他長談各種問題，
在《胡適留學日記》中，有多處記錄。在現存的信中，也有幾
封是韋母致胡適的。韋蓮司在信中所表示對胡適的關切和企盼
與他相見，是溢於言表的。信中提到去鄉間觀賞湖邊野餐，多
少是對十七、八年前學生時代的一種追懷。

7月24日，韋蓮司又有短信，開頭是這麼說的：「除了說
歡迎你，任何時候都歡迎你之外，還有什麼可說的。」由於胡

適去綺色佳的日子，一直不能確定，韋蓮司在8月18日，又寫了一封信，說明各種去綺色佳的可能路程，最能看出她的體貼和盼望的心情：

> 謝謝你再次確定〔來訪〕的電報，電報到時，我正得氣管炎。懶懶的躺在二樓陽台上晒太陽，想著你來訪時的歡愉——還有什麼比這個更值得企盼的！
>
> 講稿到的稍晚，我看的有趣味極了。
>
> 要是你東行，從尼加拉瓜（Niagara）入境，我會非常高興，去那兒接你，一起開車回來。
>
> 你提到要在加拿大演講，但沒說在那兒。如果是奧特華（Ottawa），蒙特婁（Montreal）或魁北克（Quebec），從其中任何一個城市開回來，都是非常漂亮的。我保留了幾天我的假期，以備你來時，作此短途旅行，我會非常高興的。要是你的演講是在多倫多（Toronto），雖然路程短些，但〔沿途風景〕就差多了。請你告訴我，計畫是什麼，我好安排。……從多倫多到綺色佳是一整天的行程，從魁北克至少要兩天。
>
> 在你坐了長途火車以後，我想，坐汽車能讓你得到一些休息。要是你願意盡快到此，多休息幾天。請明白的告訴我，怎麼做能讓你最高興。
>
> 此地目前非常安靜（人差不多都走空了！）寬闊的草地，呈現著新雨後的碧綠，遠處的湖水，平靜而淵深的伴著山丘，這些景象都是你所熟知的！……
>
> 你問了一個問題，現在我回答你。「母親是不是生了你的氣？」我相信她並沒有生氣。但是她在提過你許

久沒來信以後，再不提起你，這可能表示她有些傷
心。可是，在別人提到你名字的時候，她也不發一
言，這很難說，她到底在想什麼。她是個聰明人，我
想，她是諒解你的。

對不起，這封信發的這麼晚。……我只是要你知道，
我的計畫是可以跟著你調整的，而不是要你來適應
我。

我看起來並沒有我的年紀那麼老，但我的年紀卻使我
珍惜所有歡樂的時光，然而，我〔對未來〕一無期
盼！（to expect nothing!）這聽起來有些像一個古老
哲學的回應，也許，這只是我對人們行為觀察之所
得。

胡適，你的來訪，對我而言，有如饑者之於食，而對
你，則能留下一些寧靜的回憶是值得來的。

韋蓮司在「一無期盼」這幾個字的下面劃了一條線，這句話可
以有兩層解釋：其一是，我深知你行程極為忙碌緊湊，即使在
最後時刻改變來綺色佳的計畫，我也能了解。其二是，雖然我
渴望這個久別後的重逢，但我並不寄望因這次重逢，而能對我
們的關係有任何根本的改變。

　　從7月15日的一封信中，可以看出胡適這次演講稿是到了
芝加哥大學以後，邊寫邊講，臨時準備，相當辛苦：

謝謝你寄來的兩封信。我沒回信，因為我為了準備講
稿，實在很忙。昨晚講了第二回。在成打的日本飛機
飛臨〔北平〕城上空的時候，用外文來作任何嚴肅的
寫作，是不可能的。直到開船前的一個星期，我還得

編一本中文周刊（《獨立評論》——譯者案）。所以，
現在我的演講是真正「寫一篇，説一篇」，有的時
候，只好犧牲幾小時的睡眠了。我還得寫四篇講稿。
這些講稿我會寄給你，或隨身帶上。

聽到你母親和Guerlac教授過世的消息，我真是非常難
過。在我離開〔美國〕六年的時間裡，有多少老朋友
都去世了，這真讓人傷心。我希望你母親沒有因我長
時不寫信而生氣，我經常想著你和你母親，但正如中
國一句老話所説：「一部十七史，從何道起？」

這次芝加哥大學的文化講座，因為正值盛暑，又需臨時準
備講稿，胡適真是吃了不少苦，受了不少罪。在1933年8月1日
的信中，他説：

這次在芝加哥，我真是受了一次體能上的折磨。我差
不多每天都得工作到天明，再加上有幾天熱的不得
了。……

在〔加拿大〕班福(Banff)的會議8月26日結束，我希
望9月1、2日能到綺色佳。在我東行的時候，可能會
在加拿大給幾個小型演説。我將從尼加拉瓜瀑布城進
入美國。

胡適賀司克爾講座講稿，1934年由芝大出版社出版，即《中國
文藝復興》(*The Chinese Renaissance*)一書，1963年，又由紐
約Paragon書店重印，書雖不大，卻是胡適英文著作中，流傳
最廣的一本。

兩次重逢

1933年9月的兩次重逢，在胡適與韋蓮司的關係上是個里程碑。在一封1933年9月27日，韋蓮司寫給胡適的信裡，她引了自己在1927年寫給胡適的一段話：

「你塑造了一個幻象中的女子——親愛的適，讓我們繼續穿著這身正式的外衣吧，否則你所喜愛的這個幻象中的女子就會死去。我是如此平凡的一個凡人，一旦你整個了解我的時候，失望會讓你傷心的，而在你我之間具有重大意義的激勵和啓發也將隨之死去。」
〔現在〕這件正式的外衣已經褪到地板上了——你已經全然的了解了我，胡適——你是不是更喜歡那個幻象中的女子呢？她也許很美妙，但她畢竟是我，那個胸部扁平而又不善於持家的我，那個頭腦不清而又不得體的我，是這個我觸摸到了你的身體和眼睛。我簡直不能相信，你竟愛上了這麼一個可憐的東西，然而，你的愛卻裹住了我。
看了我從前寫的關於你的札記，我突然領會到你的內涵遠比我所知道的更豐富——眞不敢相信，你我曾經共度過一段歲月——我們同遊，同樂……在時光的泡影裡，想到我們曾經同在一起遊樂，這是何等甜美——對我們童年少的可憐的人來說，這是第二個童年。但願我們能快快樂樂的白頭偕老！……

沒想到，我會如此愛你⋯⋯胡適，豐富的人生正等著
我們去探索，我覺得另一個人生是該我們的——我是
多麼的愚蠢啊！我崇拜你超過所有的男人⋯⋯。

如我跟你所說的，一堵高不可測的石牆，只要我們無
視於它的存在，它在一時之間就能解體消失。我無視
橫亙在我們之間的時空距離⋯⋯。

I wrote you in 1927 before your letter from the coast: "
You have built a lady of illusion--Dear Shih, let us keep
on the jacket of our formality else the lady you cherish
will die. I am so commonplace and human that if you
knew me wholly you would be hurt with disappointment
and the stimulous(?)which means much to both of us
would die."

The jacket of formality has slipped to the floor--You
know me utterly now Hu Shih-would you prefer the lady
of illusion? She may have been a fine thing but it is I, of
the small breasts and inadequate housekeeping, of the
fuzzy, inadequate brain, who have (sic) touched your
body and eyes. I cannot believe you can love so poor a
thing, yet your love wraps me???

After reading old notes of mine concerning you I
suddenly realize how much richer you are than I knew--It
is unbelievable that you have shared this self with me--
We have played together, have chuckled with delight. …
It is sweet to think that in the clear bubble of time we

have played together--A second childhood, maybe for us who have had so little. Ah, we could grow old together, happily, happily!

But I love you as I never thought it possible to do, --In fact, Hu Shih, there seems waiting such a richness to explore that I feel another life is due us to give us time-- How stupid I have been. Admiring you beyond all men, ……

Having leaned as I told you, that(sometimes crossed out) an unscalable stone wall, if one ceases beat against it and look determindly(sic)elsewhere, will sometimes suddenly crumble and disappear, I have averted my eyes from the time and space that looms between us.

　　這是兩次重逢以後，韋蓮司寫給人胡適的信，這與她在8月18日所說「一無期盼」(to expect nothing！)的心情，已經截然異趣了，而這兩次重逢所發生的事，在信中已有了充分的表白，胡適和韋蓮司都終於不再矜持了。

　　韋蓮司所說那堵「高不可測的石牆」，當然，可以理解爲胡適的婚姻，和社會輿論的制裁。在這一點上，韋蓮司是可以「無視」的，但胡適卻不能「無視」。韋蓮司未婚，生活在美國；胡適已婚，生活在中國。韋蓮司「無視」，也無所失；胡適若「無視」，則他1917年回國以後，十幾年來所建立起來的社會清望，會跟著「石牆」的瓦解而瓦解。

　　胡適談戀愛，有他的「任性」和「奔放」，但他始終只能在無礙於他的事功和學問的情況下，做暫時的「放肆」。徐志

摩和陸小曼的那一幕，胡適或許「心嚮往之」，他對徐的離婚再婚表示「同情的了解」，也無非是「借他人酒杯，澆自己塊壘」。真要他自己革命那是做不到的。

韋蓮司在信中婉轉而又語重心長的暗示，多少低估了胡適的冷靜和理性。1921年9月16日，胡適作了一首中秋詩最能體現他這方面的個性：

> 多謝你殷勤好月，提起我過來哀怨，過來情思。我就千思萬想，直到月落天明，也甘心願意。怕明朝雲密遮天，風狂打屋，何處能尋你？行樂尚須及時，何況事功！何況學問！(手稿本日記，第二冊)

這是一首很殺風景的情詩，先說自己如何千思萬想，須及時行樂，但在緊要關頭，又忽然想到自己的事功與學問，這又怎能盡情的行樂呢？

對那堵「高不可測的石牆」，胡適從不「唯心」，他始終有視於客觀的存在，並給予相當的敬意。這樣的作法，在洋人看來，或不免有言行不一之譏；但在我輩看來，對夾在親情愛情夾縫中的胡適，實在不忍再有什麼苛責。

1933年9月的第一次重逢在月初，從現有的書信看來，胡適是在12日離開綺色佳的。13日兩人各有信寫給對方。韋蓮司的信是這麼起頭的：「我沒法照顧我們的後代」，接著她說：

> 我整好了我們那個小得可憐的床，我坐在東邊向陽的這個窗前……我想要告訴你的都是一些瑣事。昨晚我要睡哪個床都覺得很難。我有意的從你的房間走到我的房間。最後，我總不能老靠著門柱子站著啊，我把

你床上那條粗重的被子，拿到我的床上。裝滿了熱水
瓶就鑽進了被子裡。讓人不解的是，最難堪的時間是
早上近六點的時候。……

我想念你的身體，我更想念你在此的點點滴滴。我中
有你，這個我，渴望著你中有我。……我是受過嚴格
學校訓練的，但此刻，我卻無法忘懷在車門見到你那
蒼白的臉。你把我評價的過高了——雖然我們有平等
理性的對話，但我找不到自己有任何內涵，可以和你
相提並論……。

韋蓮司初識胡適的時候，兩人的知識水平並沒有太大懸殊，在
某些議題上，韋蓮司還起了一定引導的作用，但到了1933年，
韋蓮司已清楚的感覺到自己遠不如胡適了。她對胡適，與其說
是「愛慕」，不如說是「仰慕」。第二天，9月14日，兩人都
各發了一信。韋蓮司寫道：

我們倆是多麼奇怪的人啊！我想你寫了地址的一個空
信封也能給我一個寧靜的片刻……。

毫無疑問的，有許多新的講演的邀請等著你。要是你
能用現成的材料，又能釐清人們的思想，激發人們的
意志，我怎麼好叫你不說呢？——但是，請務必別苛
待自己。

胡適在這幾天寫給韋蓮司的信，在打字稿上都加了刪節
號，顯然已不是原貌了。

1933年9月22日上午六點，也就是第二次相會前的兩天，
韋蓮司寫了一封信給胡適，說到自己的個性：

在我一生之中，有一種苦行僧的傾向，對於我自己非

常渴望的東西，我寧可全部放棄，也不願意僅取其中
的一小部分。我不知道這是不是幼稚，疏於自制的能
力，或者是不文明的？

接著討論到是不是應該在極為緊湊的日程裡，拿出一天來會
面：

為什麼我們不能就把這一天當作一份禮物，在僅有的
幾個小時裡，享受共處的時光，把它加在我們並不太
多的回憶裡？

凡事都還能忍受——人的承受能力是如此驚人。我的
結論是：要是我們能好好安排這一天一夜，並予珍
惜，那是值得再忍受一次別離之苦的。我們也許再不
會有這樣重逢的機會了。我承認，我的主意一變再
變，但至少在過去十二小時裡，沒再改變！然而，有
時我對情緒的控制比你斷然，要是你覺得〔來看我〕
在情緒上波動過巨，因此決定取消此行，我完全能同
意你的決定。

從上引的這兩段話裡，我們可以看出，韋蓮司在處理感情的問
題上，有她一定的「任性」。至於她所說，對於自己所渴望的
東西，「寧可全部放棄，也不願意僅取其中的一小部分」這一
點，在和胡適的關係上，她恰是「僅取一小部分」。這與其說
是妥協，不如說是對至愛者的一往情深。

1933年9月24日，胡適去綺色佳一天的造訪，行程真是緊
湊極了。他坐23日星期六晚上十一點十五分發自紐約的夜車，
第二天早上七點二十八分到綺色佳，當晚再坐十點二十九分的

夜車回紐約。這次相聚的時間雖僅十幾小時,但那晚的月色卻給胡適留下了特別的印象。9月25日回到紐約,立即有信給韋蓮司,告以平安回到旅館,並以極動人的筆觸描寫前一晚的月色:

> 星期天美好的回憶將長留我心。昨晚我們在森林居
> (Forest Home)所見到的景色是多麼帶有象徵的意味
> 啊!
> 那象徵成長和圓滿的新月,正在天際雲端散發出耀人
> 的清輝,美化了周遭。月光被烏雲所遮,最後為大風
> 暴所吞吃。風暴過去,而新月終將成為滿月。

這段話裡的「新月」,可以象徵當時正受日本帝國主義侵凌的中國;也可以象徵胡適與韋蓮司兩人的友誼。我想,這樣一段抒情的話語既是寫給一個多年的女朋友,當然象徵友誼的可能遠比象徵中國要來得大,也來得貼切。

在胡適的抒情詩裡,「月光」、「月色」都帶著一定的相思和哀怨。如《嘗試後集》中,〈秘魔崖的月夜〉:「依舊是月圓時,依舊是空山,靜夜;我獨自月下歸來,這淒涼如何能解!……」又如〈江城子〉:「翠微山上亂松鳴,月淒清,伴人行……」[2]。在胡適詩文之中,見月相思的例子是舉不勝舉的。

1991年7月31日,耿雲志先生在北京《團結報》上,發表了〈胡適的兩首情詩〉,其中一首〈水調歌頭〉,應是寫在這

---

2 這兩首詩收入,胡適,《嘗試後集》(台北:胡適紀念館,1971),頁5;7。

兩次重逢之後，也是以「圓月」作結：

　　水調歌頭

　　執手眞難放，一別又經年！歸來三萬里外，相見大江
　邊；更與同車北去，行遍兩千里路，細細話從前。此
　樂大難得，高興遂忘眠。家國事，《羅馬史》，不須
　言。眼中人物，算來值得幾文錢。應念赫貞江上，有
　個同心朋友（「朋友」原作「伴侶」，後塗改），相望
　尚依然。夜半罷清話，圓月正中天。

　　胡適自留學時期即稱韋蓮司爲「江邊之友」，此詞爲韋蓮
司所寫，可以無疑。

　　9月25日，胡適發信的同一天，韋蓮司也有信給胡適，其
中說到：

　　胡適，我愛你！我不喜歡悄悄的這麼說，我怎麼能以
　此爲榮呢？我是個很卑微的人〔但是〕你應該愛
　我──有時，你的愛就像陽光中的空氣圍繞著我的思
　想（見不到蹤影，但我必需相信它的存在）。我們如何
　能將〔這件事〕公諸於世，而不引起別人的嫌惡？要
　是我們眞能完全生活在一起，我們會像兩條溪流，奔
　赴同一山谷。……

　　你是你，我是我，你生活在一個大世界裡，我活在一
　個小天地中，任人去人來……。

　　這次新的交會，也並非不可能放出光芒來！當我看到
　你的嘴角，你那半閉的眼神，我是個溫柔的女人。對
　你的思念總是壓抑了我，也強化了我！那個新的你突
　然在我心中綻放，我還能說什麼？

昨晚(似乎已經很久以前了!)我寫道:

「喉管已被切斷,

唱你的調子是不自然的。

我寄上僵硬的沉默——

在虛空中,無聲的喘息。」

我想,並不是麻木讓我此刻覺得平靜,而是你的愛,

胡適。

陳衡哲

1933年9月26日,胡適在陳衡哲女士的安排之下,去了紐約州北部的普濟布施鎮(Poughkeapsie),也就是陳衡哲母校瓦沙學院(Vassar College)的所在地,給了一個多小時的演講。胡適在當日信中有如下一段:

剛從普濟布施鎮回來,在逼人的炎熱天氣裡,我給了一個演講。我講了一小時多一點兒,講得渾身大汗。晚飯以後下雨了,在我上火車時,雨還沒停。

這次演說主要是任陳衡哲夫人安排的。今早她與我同行,她還要在那兒待三天。她將經過加拿大與我同船〔回中國〕。

今晚我開始裝箱。明天起程往華盛頓,計畫在加州大學的柏克萊分校的國際學舍作客三天(10月2日至4日)。10月6日到溫哥華,船(加拿大皇后號),10月7日啓航。

胡適初訪陳衡哲於瓦沙學院是在1917年4月7日,而今重來,已

是十六年之後了。胡適與陳衡哲的關係，也曾引起不少討論，兩人友誼維持了三十幾年。1933年10月17日胡適在返國的船上，寫了一封信給韋蓮司，提到陳衡哲：

> 她（陳衡哲）覺得跟美國人和歐洲人在一起，比跟中國人在一起要自在些。她在中國並不受歡迎。
>
> 有些人總是〔與環境〕扞格不入。雖然受的訓練是要他們勇於作夢，然而他們卻缺少一種博大的悲憫胸懷，這點悲憫的胸懷可以讓他們在一個需要他們同情對待的不利環境中覺得自在。

這段話多少帶著一些責備的意味。有些留學生回國，對國內情況缺乏「同情的瞭解」，因而處處顯得扞格不入。

船行海上，給了胡適一個難得的沉思浮想的機會，在同一封信的最後，他寫道：

> 有關中國、日本和整個世界，我有一些不切實際的想法。這些想法還太模糊，無法告訴你。在海上做長途旅行是胡思亂想最好的時機：問題是〔船上〕的生活太舒服了，我反而沒法嚴格而有系統的思考了。
>
> 當然，我是經常的想到你。我還是覺得這兩次去綺色佳看你，給了你許多麻煩。我真誠的希望你能漸漸回復到平靜的生活。

這次分首，一別又是三年，下次見面是1936年10月初了。

從哈佛到綺色佳

1936年8月中旬，胡適代表中國出席在加州約瑟米岱

(Yosemite)所舉行的第六次太平洋國際學會年會。9月中旬轉往哈佛大學領取榮譽學位,並在哈佛大學建校三百周年紀念會上發表著名的〈中國的印度化:文化轉借的個案研究〉(The Indianization of China: A Case Study in Cultural Borrowing)[3]。胡適在10月1日,哈佛慶典之後,西行回國以前,去綺色佳看韋蓮司,這次聚會只有短短的四天。

胡適原擬在1936年10月底坐胡佛總統號輪船返國的,但因碰到罷工,在美國耽誤了一個多月,到11月初才成行。10月31日有發自舊金山的信給韋蓮司,報告他一路西行的情形,對在綺色佳四天的相聚及近年的心境,有如下文字:

> 在綺色佳住了四天,非常盡興,可是我也覺得很遺憾,沒能多理解一些你〔的生活〕,沒能多和你談談⋯⋯。
>
> 我想經常和這個國家(美國──譯者案)的朋友保持聯繫。但這常是魚與熊掌的問題;或者把自己全心全力的投注到最需要我關切的事,或者把自己的注意力平分給每一件事。我散漫的習慣使我很難同時兼顧到許多事。我唯一能把事情做好的辦法是貫注我所有的注意力於一件事,而不顧其他。在過去四個月裡,我沒有寫一個字給那些編輯和照顧周刊(《獨立評論》──

---

3 Hu Shih, "The Indianization of China: A Case Study in Cultural Borrowing," in *Independence, Convergence, and Borrowing in Institutions, Thonght, and Art* (Cambridge: Harvard College, 1937), pp. 219-47;收入周質平編,《胡適英文文存》,頁663-94。

譯者案)的朋友。我根本就做不到。讓我更遺憾的是我沒能充分利用我在綺色佳〔的機會〕，多看看你〔的生活〕，告訴你一些事，這些事我要你與我同享，給我批評和建議。

那天晚上，我在綺色佳貝克廳(Baker Hall)宣讀的那篇論文，現在已經為下一期的《外交事務》〔期刊〕(*Foreign Affairs*)寫好。我是在從西雅圖到洛杉磯的火車上寫的。我多麼希望我能在你那幽靜的屋子裡把文章寫好，寄出去以前，先念給你聽！

我的生活很寂寞。我工作到深夜。有時我寫完一篇文章已凌晨三點，我自己覺得很滿意，並且想把它念給一個能與我共享的人來聽。我從前會把一、兩首詩給我姪子看，他是一個相當好的詩人，和我住在一起。現在他過世已過十年了。

多年來，我沒有寫過一首詩。我越來越轉向歷史的研究。過去五年來，因為日益緊迫的政治問題，連做〔歷史的研究〕都很困難。可是我總維持每年寫一篇主要的研究論文。我發現即使是這樣的研究論文，也需要別人來與我分享，來給我鼓勵。

怎麼一個人會這麼渴望找到一個知己的朋友，這真是令人費解的事。

....

我最親愛的朋友，你一定不能跟我生氣，而且一定要理解，我總是想著你——我對你的思念一如既往。我希望能經常寫信給你。

最後這一段，胡適顯然對他過去這兩年疏於寫信有些自責。

韋蓮司的困惑

　　1937年，也就是胡適和韋蓮司定交後的二十三年，韋蓮司五十二歲。這年有個名字縮寫為R.S.的男士向韋蓮司求婚，韋蓮司詢問了胡適的意見，胡適當下贊成。這年10月26日，韋蓮司有信給胡適，對這件事有很詳細的說明：

> 你立即贊成這椿擬議中的婚事，這並不使我驚訝──在某些方面，我同意你的看法。
>
> 要是我和R.S.結婚，也許並不是我要做些好事或避免傷害什麼；而只是因為有個人確實想「照顧」我，他看來是如此的誠心誠意，而他的體貼、周到和無私也達到到了驚人的程度。即使他是要為自己找個歸宿，這個歸宿似乎也只是多個人來愛護和照顧。我至今不懂他為什麼找了這麼一個不合適的人，我也不能確定這步棋走的到底對不對……。
>
> 對我來說，這是一個中年人的合同，並不是一個真正的婚姻；但是我們有些共同的興趣和想法也許會讓這個實驗成功，即使如此，我還是很希望他不曾來打擾我。我更願意繼續目前的生活，凡事簡單化以達到自由和單純，使自己脫離與平庸所做的妥協，平庸是如此的可厭。然而，我們有一個共同的願望，在家中營造一種平和而文明的氣氛，我們都相信自我約束和應用理智。有他作伴的時候，我脾氣比較好，也比較客

氣，在這方面，我是需要別人幫助的（這樣的關係在相互厭倦之後還能維持嗎？）

你和鄧肯（Duncan）或其他任何我知道的人，在心智上和精神上（且不論這個字到底是什麼意思）給我的啟發都遠比他（R. S.）多，但在實際上想保護我和照顧我的願意卻不如他。在我身強力壯又不過分疲倦的時候，我沒把這些放在心上，現在我可不這麼想了。（胡適在邊上加了一個批語：這就是我說，我們兩個都很自私的緣故）。

但就另一方面來說，要和一個自我意識很強而又不能獨立的人結婚共同生活，這非我所能。雖然鄧肯之於我，就如孩子之於母親，但我無法把他當成丈夫。他說「你所需要做的事，就是和我結婚和畫畫兒」，這樣的話是空話。這兩件事是無法並存的。……這就是我一直沒有答應他的理由。……在一個小範圍裡，我不知道你是否言行不一；你並非受制於一種高壓的道德，而只是自己膽小……當然，沒有任何其他事情〔能像你的婚姻那樣〕增加你的偉大──我非常高興，我沒把你變得渺小。在我一生之中，除了和我父親的感情之外，我最感念的是我認識了你，並有短短的一段時間，和你共同成長。沒有任何東西可以損害或改變這樣的關係。即使當時的情況有所不同，我對你不會有其他的用處。

這些事情我都能想到。我唯一一個願意嫁的男人，我卻連想都不能想。然而，我總想到我父親說的一句話

「除非不得已，否則別結婚！」要是他知道我明明是想逃避這個婚姻的陷阱，而卻又有意的往裡跳，我不知道他會說什麼？人到了中年就無視於這樣帶有教育意義的忠告是合適的嗎？

……我渴望有一個人能把我從活生生的噩夢中救出來，那是一個最後溺斃在次等和平庸中的噩夢。

……我以為到了中年就不會再有這樣的問題。

R. S. 暗示我，這很可能是我最後的一次機會，〔要是我不接受〕，我下半輩子會後悔的！這是出自一個俠客之口！

我以前總覺得這樣〔男女之間〕的吸引只有年輕人才有，現在在我內心深處有個新的東西在告訴我，這並不真。這也使我了解到我母親和她表兄之間，年過六十的戀情。

我是個又醜又無風韻的女人，可是無論什麼年紀的人，對善感的體貼和無私的關懷還是有感的。這在義大利文叫做simpatica——理性而善感的同情，一種對人們無私心的興趣和他們的創造力都是不受年齡限制的……我痛恨還不曾活過，就要死去。這是多麼的諷刺，我「唯一的機會」，在我過了五十以後才來，而給我這個機會的男人，是個不懂音樂，除了自己本行以外，書讀得不多的人，他不是具有創造性的那種人，他是個滿足於一般，缺乏想像和遠見的人。這種人除了他的耐心、禮貌和溫和以外，我是避之唯恐不及的。我至今也還不懂，為何他對我情有獨鍾。我常

想到，也許他是出於同情；但我繼而一想，他絕不是
個演員，能演得如此逼真。

我敬佩他的正直、他的無私和自我約束，他的公平，
他展望生活和擴展生活的願望，還有他對文明的信念
——〔即使如此〕，他永遠無法像你那樣將你的生命
注入到我的血管裡……目前的情況可以令人息肩，但
卻是極端的無趣——這想必也是我給你的感覺！

我真不該寫這樣一封信給你，寫信跟你談我們的私事
是無用的，這只會打擾你。

在這封信裡，我們看到了韋蓮司少有的犀利和尖銳，她說胡適
在婚姻上有言行不一的地方，而正是這點言行不一建立了胡適
在中國社會上的清望，用韋蓮司的話來說則是「增加」胡適的
「偉大」。韋氏這麼說，不免有些倒果為因，似乎胡適是為了
「增加偉大」才和江冬秀結婚的。這實在並非胡適之初心。胡
適1921年8月30日日記，討論到自己的婚事，有比較全面的剖
白：

他（高夢旦）談起我的婚事，他說許多舊人都恭維我不
背舊婚約，是一件最可佩服的事！他說，他的敬重
我，這也是一個原因。我問他，這一件事有什麼難能
可貴之處？他說，這是一件大犧牲。我說，我生平做
的事，沒有一件比這件最討便宜的了，有什麼大犧
牲？他問我何以最討便宜。我說，當初我並不曾準備
什麼犧牲，我不過心裡不忍傷幾個人的心罷了。假如
我那時忍心毀約，使這幾個人終身痛苦，我的良心上
的責備，必然比什麼痛苦都難受。其實我家庭裡並沒

有什麼大過不去的地方。這已是佔便宜了。最佔便宜
的，是社會上對於此事的過分讚許；這種精神上的反
應，眞是意外的便宜。我是不怕人罵的，我也不曾求
人讚許，我不過行吾心之所安罷了，而竟得這種意外
的過分報酬，豈不是最便宜的事嗎？若此事可算犧
牲，誰不肯犧牲呢？[4]

這是一段相當誠懇的自我剖白，若說胡適爲「增加偉大」而結
婚，不免把胡適說得太富機心，也太過功利了。

在信中提到有意和韋蓮司結婚的兩個人，在她眼裡都是善
良而平庸，而韋氏所深恨的正是平庸。我想韋氏下此評語之
前，免不了是將兩人與胡適相比，其平庸無趣之感也就不足爲
奇了。信中所提鄧肯(Duncan)這個人，在1916年1月14日的一
封韋氏致胡適的信中即已提過，可能是與胡適同時期的康奈爾
同學。

韋蓮司在這封信中所真正要表達的，與其說是中年人婚與
不婚的矛盾，不如說是曲折的再度向胡適說明：他是她唯一想
嫁的男人。她在信中對R.S.雖有一定的讚譽，但基本上他在韋
氏筆下是個不學，無趣而平庸的人物。

從一封大約是1937年韋氏所寫的殘信中，可以看出，韋蓮
司認識鄧肯，在胡適之前。韋氏稱鄧肯爲「第一個喚醒我愛情
的人」，但鄧母是個酗酒而又意志薄弱的女人，韋蓮司對此頗
有顧慮，竟因此打消了一度曾經和鄧氏結婚的念頭。韋氏在同
一封信中提到：「鄧肯沒有胡適的頭腦，但胡適沒有鄧肯對美

---

4 《胡適的日記》(香港：中華，1985)，頁199-200。

的知識和欣賞的能力」。鄧肯曾爲韋氏而有自殺的念頭，韋氏說「從那時（？）起，一直到一年前，我多少覺得對他有些責任。」

在同一封信裡，韋蓮司說到自己對生養孩子的看法：

> 當然，我相信節制生育，但我認為〔生孩子〕是最高
> 結合的最佳試驗，也是人類發展最穩當的基礎。

換句話說，她並不主張胡適的「無後主義」。

韋蓮司在談到自己的時候，常顯示出一種過度的自謙，甚至有些自卑，在這封殘信中，她還向胡適吐露了一段她的私人秘密：

> 實在很奇怪，像我這樣一個不可愛的女人，居然有男
> 人在我不知情的情況下愛我。我從未有意的去追求
> 過，也不曾有意的讓這樣的事情發生。三年前，我很
> 喜歡一個只有我年紀一半的英俊男孩，但是太晚了。
> 在他，只是一種母式的關愛和感情而已。

韋蓮司向胡適做這樣的表白，在一定的意義上，她認爲胡適和她之間的友誼是不會因此而受損的。

1937年11月11日，韋蓮司在另一封致胡適的信中，繼續分析她自己面對婚姻時的一些困擾，並對胡適的態度也提出了她的看法。韋氏對胡適的觀察和批評，有她極獨到和深刻的地方。我想，這不只是因爲兩人關係的特殊，也是因爲胡適在韋蓮司面前表現出他不輕易示人的一面。韋蓮司將她與R.S.之間的一段關係，叫做「感情上的風波」。信是這麼寫的：

> 現在我要和你談談這個小小的風波。我哥哥寫了一封
> 典雅而老式的中國式的信給我，在信中高舉著家庭

〔責任〕的議題。也許我會附上這封信，聽聽你的意見，這樣的一個小風波也許能給你一些不同的感受，希望並不會因此打擾你。我們兩人的關係應該永遠不變為困擾或互相敷衍。好幾次你問我，是不是生了你的氣。這似乎是個奇怪的問題。我是永遠不會跟你生氣的。有時，只是現實的情形讓我傷心，但這是生活，對不對？

在你過分要求自己，在感情上放縱自己並忘掉理性的時候，我覺得傷心，可是這也是一部分的你，你是難能可貴的（precious）也是易於衝動的（impulsive）。在「精力充沛」與神經質和坐立不安之間是有所不同的。我相信你自己知道，什麼時候做過了頭。……

你覺得，要是我結婚，你就能從責任或負擔中解脫出來，而不知道〔我從未〕要你感覺有任何責任或負擔。想到這點，也讓我傷心。我沒有要和你結婚，也沒怪你對結婚所有的一種恐懼。

……

從你的反應看來，要是我結婚，能減輕你精神上的負擔，同時也能給你一些你所缺的自由。甚至於只是想一想，你都能感覺到〔自由〕。你的幸福在我討價還價的時候，會考慮進去的。可是，恐怕我是不會為了討你的歡心而去跟別人結婚的!! 這是一個共同的理解吧？分手也能達到這個目的。

現在還有鄧肯（Duncan）──我無法跟每一個要和我結婚的人結婚！而諷刺的是，我也永遠無法和我唯一想

結婚的人結婚。……

一個人老了，很自然的，也沒有什麼說不過去，要找
一個意氣相投的人。我並不是在找一種師徒關係，而
是一個伴侶。這種願望是日益強烈。

11月11日寫的信並沒有立刻付郵，到了11月28日，韋蓮司
又加了一頁，提到她對這個婚姻的一些顧慮：

11月11日寫的那件事是一點兒都不重要的。問題的關
鍵是我應不應該出賣自己——把自己當一個妻子或幫
手賣給一個對我全無吸引的人，去過一種我極度厭惡
的生活。跟一個精力已衰而又不富有想像力的人共同
生活也許是平和的，但也許有一天早晨我醒來，發現
極度厭惡他——這是我所害怕的——。〔雖然〕如他
自己所說，並不是一個「蠢蛋」，但你卻無法讓他脫
胎換骨。

要是結婚能使我逃避掉一些責任和不愉快，那麼我現
在的處境卻能帶給我更大的自由和精神上的獨立。

R.S.所要是一個樂於接受他的感情，並樂於讓他裝扮
的漂漂亮亮帶出去的人。這個人得喜歡跳舞和橄欖
球，而又能為他和他的兒子安置好一個家。他會毫不
吝惜的給她感情並以庸俗將她淹埋。

這封信是極值得玩味的。韋蓮司說胡適「在感情上放縱自
己，忘掉理性」，說他「易於衝動」，這似乎都不是一般人所
熟知的胡適，但如果我們看看他1921年8月26日的一段日記，
就能知道韋蓮司的這段批評是切中胡適弱點的：

我受感情和想像的衝動大於受倫理的影響。此是外人

不易知道的，因為我行的事，做的文章，表面上都像
是偏重理性知識方面的，其實我自己知道很不如此。
我是一個富於感情和想像力的人，但我不屑表示我的
感情，又頗使想像力略成系統。……我雖可以過規矩
的生活，雖不喜歡那種gay的生活，雖平時偏向莊重
的生活，但我能放肆我自己，有時也能做得很gay的
生活。（gay字不易譯，略含快活與放浪之意。）這一
層也很真，但外人很少知道的。我沒有嗜好則已，若
有嗜好，必然沉溺很深。我自知可以大好色，可以大
賭。我對於那種比較嚴重的生活，如做書讀詩，也容
易成嗜好，大概也是因為我有這個容易沉溺的弱點，
有時我自己覺得也是一點長處。我最恨的是平凡，是
中庸。[5]

胡適的這段日記可以作為韋蓮司對胡適批評的注腳。至於痛恨
平凡與中庸這一點，是胡韋兩人極相同的地方。

從上引的這封信中，可以看出，胡適對不能和韋蓮司結婚
這一點，多少帶著一些歉意，因此，有所謂「責任」和「負
擔」一說，但韋蓮司卻不這麼認為。這是韋氏最不落俗套的所
在。「我是不會為了討你的歡心而去跟別人結婚的」，這確是
一句傷心話。

韋蓮司最後選擇了不婚，放棄了她「最後的機會」，保全
了她的自由與獨立，並絲毫不改她對胡適的一往情深，但因此
所帶來的孤獨與寂寞，又有幾人知道！

---

5 《胡適的日記》，頁197。

在一封1938年1月31日的信裡，韋蓮司邀胡適的家人住到她家裡去：

> 我不知道，你會不會把家人帶來〔美國〕，也許我的
> 小房子可以用來安頓他們。沒有任何事能比這件事更
> 讓我高興。我的房子6月中以後，就空出來了。

這是何等的男女之情！這真是「愛屋及烏」了！

從大使到回國(1937-1946)

出任大使之前

1937年7月7日,盧溝橋事變發生。

同年8月19日胡適日記有:「他(蔣介石)要我即日去美國,我能做什麼呢?」[1]的記載。9月中旬,胡適由香港飛舊金山。這次去美國,一待近九年。直到1946年6月才離美返國。1937年9月25日,胡適在航向舊金山的飛機上有信給韋蓮司:

> 我現在在海平面一萬呎以上的高空給你寫這封信。中國詩人把這個〔景色〕叫做「雲海」,只是這種波瀾壯闊的景觀遠遠超過他們(詩人——譯者案)原來的意思。
>
> 你看,從我上次訪美到現在間隔的這麼短,我又來美國了。我必須說:離開每天甚至於每小時都有危險的中國,而住到比較舒服而又完全安全的外國土地上,

---

1 見《胡適的日記》手稿本第13冊。無頁碼。

這是完全違背我的意願的。

但是我已無法再長期抗拒督促我訪美的壓力。最後，在既沒有外交使命，也不需做「宣傳」工作的條件下，我決定來美。我來此，只是回答問題，釐清誤會，和發表我自己的觀點。

不到二十小時，我就要到舊金山了。就像去年一樣，我也許還住在聖法蘭西斯旅館。不久以後，我就會去東岸。我的行程還不十分確定。

……

等我在舊金山略事休息以後，我會再寫信告訴你比較確切的計劃。

這段期間，胡適雖然沒有正式的外交使命，但他在美、加兩地到處演講，說明中國當時抗日戰爭的艱難情況，希望引起當地人士對中國的同情和支持。

1937年12月17日，胡適四十六歲的生日是在紐約過的，韋蓮司送了胡適二十四朵玫瑰。胡適在12月20日寫了很長的一封謝函，細述生日當天所做的每一件事，在信的後半段提到贈花一事及他對眼前生活的一些感想：

我親愛的克利福德，謝謝你充滿情意的信！玫瑰花是差不多三點到的；跟著玫瑰一塊兒來的還有一朵紫羅蘭，我把它別在大衣上。我外出的時候，把它放在書裡頭。晚上我回來的時候，發現這朵紫羅蘭保存的非常完好，所以我就讓它夾在書裡頭。現在我把這朵保存完好的紫羅蘭再寄還給你。請你把它當做一份小小的愛的思念。

想到我至少有一個朋友，用她全部的同情和愛心來了
解我的工作，我感到非常舒暢和快慰。這是一種我實
在並不非常喜歡的工作──從早到晚，不斷的談話，
看報，為一些我知道我不可能起任何作用的事寫信，
發電報！
我期盼有一天我能回到我自己真正感興趣的工作上，
那也是過去二十年來我努力的方向。我現在兩鬢已經
斑白，我不能再浪費我自己〔的生命〕了。談戰爭和
國際政治，對我是何等的浪費啊！

胡適從1937年9月中旬赴美，到1942年9月8日駐美大使卸任，
前後整整五年。這正是對日抗戰之中最艱難的五年，胡適為了
國家民族的存亡，「浪費」了他五年的時間在「談戰爭和國際
政治」上。

1938年在胡適一生中是重要的一年，9月發表駐美大使，
從此開始了四年的外交生涯，12月心臟病發，住院七十七天，
從此心臟病成了他健康的隱患，最後竟死於心臟病。

這年年初，從1月24日到3月15日，五十一天之內，胡適在
美、加兩地，旅行一萬多哩，作了五十六次演講，旅行途中，
時有函電給韋蓮司。在一封3月4日寄自加拿大多倫多的信中，
胡適談到這次旅行及中國所遭受的災難

這次旅行比我所計畫的略長。我到水牛城（Buffalo）
時，我已走了一萬零兩百哩路了，等我回到紐約時，
已耗時五十三天。包括在康奈爾的談話，我大約作了
五十次的演講，有時我一天得講三次。

> 東方的情況還是很糟。我們在打一場非常艱難的仗。
> 有三十萬的人經受著無家可歸的痛苦。《紐約時報》
> 說，有一億的老百姓成了難民！這場仗才打了七個
> 月！
> 這讓我想起你我年輕時的日子，那時我們經常用年輕
> 的理想主義的觀點來談〔第一次〕世界大戰。……
> 盼望在綺色佳再見到你，並希望在長途旅行之後，能
> 在綺色佳略事休息。

綺色佳，對胡適來說，常是長途旅行之後，息肩之所。很有些
「回家」的感覺。

這次長途旅行的最後一站正是綺色佳，3月15日火車到達
綺色佳時，韋蓮司迎於火車站。

胡適3月17日日記有「與Clifford同去看Prof Maynard。與
她同飯……Clifford送我上車……半夜車行。」的紀錄 [2]。

這次聚會只有短短三天。

1938年3月28日，也就是這次短暫聚會分首後的第十天，
韋蓮司有信給胡適，要他注意健康，真是殷殷致意：

> 親愛的適：
> 自從那天我開車送你去車站，你患感冒，又犯牙疼，
> 其間雖只十天，我卻感覺有百日之久了。你的病好些
> 了嗎？
> 猶豫不決是最傷神的；我非常同情目前令你煩心的
> 事，真希望我能幫忙。

---

2 見《胡適的日記》手稿本第13冊。

我也知道，你並非「老了」，而只是「年久失修」。
人就像機器，要是小心使用，只需要短時期小修理，
就可以繼續運作，但是，如果使用過度，一旦壞了，
就需要長時期的大修。親愛的朋友，在此時要你放慢
腳步，當然是很困難的，但這卻是一件最重要的事。
每天要是可能，花短時間在戶外輕鬆一下，這和吃好
睡好同等重要。你知道，減輕體重，可以讓你覺得舒
服些，也呼吸的容易些。我相信這些你全懂（其實你
懂的遠比這些多）。我只是要你知道，你的美國家人
是 很 惦 記 你 的 (I'm only letting you know that your
American family cares about you)⋯⋯

我們這裡有幾天非常漂亮——有些果樹已經開花了，
鳥雀飛翔其間。我希望在春老之前，你能再來一趟，
不給演講，就拿一點——只是小小的一點時間，休息
一下。我希望在你做出下一個重大決定之前，能拿出
這一點時間來。你很清楚，這樣才能思考的更周全。
但是一個人得做他必需做的。就像往常一樣，寫這封
信中斷了幾次。我的小狗和我會把信拿到車站趕今晚
的夜車⋯⋯。

替別人做決定是不可能的，我們只能提醒他們用最縝
密的智慧，最長遠的眼光，勿受經驗的影響而有所成
見〔來考慮問題〕。至於這個決定將引向何方，我是
不知道的。無論你決定做什麼都有我最衷心的祝福。

這封信的前半，韋蓮司勸胡適節勞小休，這是多麼及時的一個
警告，她顯然已經看出胡適「年久失修」(out of condition)，

這年（1938）年底的心臟病證實了韋蓮司的擔憂。信的後半顯然是在討論胡適是否應該出任駐美大使的事。從這封信看來，韋蓮司對此，似乎並沒有明確的主張，但在1938年1月31日的一封中，她對胡適從事外交工作有很積極肯定的話：

> 我想，你不僅僅屬於中國，你屬於整個時代和時代裡的危局。

> I think you do not belong to China alone. I think you belong to an era and a crisis in an era.

接著她說道：

> 在一定的範圍裡，你引起了人們的注意，像奇蹟一般，你回答了時代的需要。

> 世界各地的關係在一夕之間變得史無前例的清楚。我不知道當今可有第二人像你這樣，對東西方人民和政府的特性有如此深切的了解。目前各國正熱衷武器競賽和戰爭，此時是否應該有個人出來，改變人們的看法，讓武力的使用朝向一個有利的方向？

最後，她在信中對胡適說：

> 你屬於全世界。

> You belong to the whole world.

這對胡適的能力是最高的肯定，對胡適出任駐美大使是最有力的鼓勵。

4月19日，胡適有〈從紐約省會（Albany）回紐約市〉詩一首：

> 四百里的赫貞江，

> 從容的流下紐約灣，

恰像我的少年歲月，

一去永不回還。

這江上曾有我的詩，

我的夢，我的工作，我的愛。

毀滅了的似綠水長流，

留住了的似青山還在。[3]

在這天的日記裡，胡適寫著：「一路上看赫貞江(Hudson River)
的山水，想起二十年前舊事，很想寫一詩。」[4] 二十二年前，
胡適曾住過韋蓮司臨著赫貞江海文路92號的公寓，兩人也曾迎
著落日在河邊散步，看「紐約無上風景」[5]。上引的這首詩
裡，是少不了韋蓮司的影子的。

　　寫了詩的第二天，4月20日，胡適寫了一封長信給韋蓮
司，信中提到：

　　　　在過去幾天之內，我很堅定的辭謝了哈佛和加州大學
　　　　明年請我去教書的聘約。我在回信(辭職)的理由是：
　　　　「只要戰爭繼續，我不能安心的接受待遇如此豐厚的
　　　　職務，(要是我接受這份工作)，我有道義上的義務全
　　　　心全力的教書和作研究。我實在無法心安理得的接受
　　　　這份待遇優厚的工作。

　　　　我這樣決定，是違背了幾個好朋友給我的勸告。我一

3　見1938年4月19日日記，《胡適的日記》手稿本第13冊。

4　同上。

5　《胡適留學日記》，頁554。

想到我的同事和學生正在經受的苦難,我真是忍不下
心來接受這些工作。」

在1938年4月8日的日記中,胡適記著哈佛大學請他去「教
一年書,作Visiting Professor,年俸八千元,講授中國文學史
或思想史,只須教三點到六點。」[6]十三年後(1951-52),胡適
任普林斯頓大學葛斯德東方圖書館館長,年俸不過五千二百
元,可見哈佛當時真可以說是「重金禮聘」了。而胡適卻只
「考慮了一天」,當晚就寫信謝卻了。

在同一封信裡,胡適又問到送給韋蓮司的生日禮物:

我不知在生日那天寄給你的花收到了沒有。那天是復
活節星期天,而你又從沒告訴過我,你住在森林居的
房號。那些花是透過旅館的花店用電報寄上的。

我還有另一件生日禮物要給你,但我無法寄給你,等
到下次我們見面時再給你吧。

下次見面是1938年8月19日在英國倫敦。當天日記有「Clifford
來吃飯。3月在Ithaca相見後,至今才重見。」[7]一條。這次見
面,相聚六天,日記上有簡短紀錄:

8月21日:「到Mrs. Eleanor(John W)Young家吃茶,
Clifford亦在,同去吃夜飯。」

8月22日:「飯後與Clifford同觀Museum中的中國部
分。」

8月24日:「下午,Clifford邀吃茶。」

---

6 見1938年4月8日日記,《胡適的日記》手稿本第13冊。
7 見1938年8月19日日記,同上。

8月24日晚上，胡適離開倫敦，轉往瑞士，結束這次在倫敦的聚首。

　　這次與韋蓮司會面時，胡適對即將發表的駐美大使任命顯然已有所知，並以此事，就商於韋蓮司，從8月25日胡適發自瑞士蘇黎克的一封信中，可以看出韋蓮司是鼓勵胡適接受這個工作的。胡適在信中解釋何以他長時期以來，一直避免介入政治：

> 我是今晚八點到此地的。將在這兒住到9月4日。此後計畫還沒確定。
>
> 你上次的話讓我深思。
>
> 我在本質上是個「害羞」的人，這得自於我母親。可是我父親是個堅毅而有決斷的人。有時，我能維護自己的權利，辦些事情並解決困難的問題。可是，就一般而言，我寧可過我的學術生涯，扮演一個社會和政治的評論家，而不願作一個實際的改革者和政客。惰性和訓練是造成這種偏好的主要原因。
>
> 我不能完全同意你的話「(在政治上)我極力避免讓自己的生命作充分的發揮」。可是我相信，徵召來臨的時候，我應該勉力一試，這是我的責任。我非常認真的在做目前的工作，相信我是能適應的。只是我並不喜歡這個工作。也許在工作中必要的戰鬥會使我越來越喜歡這個工作。我希望是如此的。
>
> 我答應你，我不會完全心甘情不願的來進入這個新的(外交)生涯。但是我並不相信這是我「充分發展」的方向。我會全力以赴，因為這是攸關我同胞生死的

事。如此而已。

當然，我並不是說你說的完全不對。我縱容自己把精力浪費在一時我感興趣的事情上。我一任自己受傳統對政治生涯厭惡的影響，而在待人處事上則過分矜持。我一直在安慰自己，要是不直接的介入政治，我反而能起更大的影響。在這一點上，約翰彌爾（John Stuart Mill）一直是我理想的一個人物。

過去二十年來，我是社會和政治運動背後的一股積極力量，但我只是一個評論者，最多只是一個思想家。

有時我問自己：「要是我直接介入（政治），我是否能把事情辦的更好，或者加快〔改革〕？」但是，我的矜持總是讓我遲疑不前。

在1935到36之間，我曾自願擔任駐日大使。但是，因為長期以來，我一直是個「獨立的人」，我認真的話，卻被視為玩笑！或許也有人不要我做這件事。

我親愛的C，但願我能對你所認為我「有」的「料」感到自信。[8]

從上引這封信的最後一句可以看出，韋蓮司認為胡適有從事外交的「真材實料」，並鼓勵他接受這個挑戰。所謂「在政治

---

8 江冬秀是反對胡適介入政治的。胡適1938年11月24日，在接受大使任命後兩個月，有信給江冬秀，其中有如下一段：
　　你總勸我不要走上政治路上去，這是你的幫助我。若是不明大體的女人，一定巴望男人做大官。你跟我二十年，從來不作這樣想，所以我們能一同過苦日子。所以我給新六信上說，我頗愧對老妻，這是真心的話。（《胡適書信集》，中冊，頁761）

上，極力避免讓自己生命作充分的發揮。」這有一定激將的作用。我相信胡適最後決定出任駐美大使，韋蓮司的這番話不是完全沒有影響的。

1938年8月31日，也就是胡適駐美大使人事命令發佈前的十七天，韋蓮司從英國倫敦寫了一封信給胡適，再度鼓勵他接受這個新的挑戰：

> 你做為一個自由的批評家和顧問的價值是巨大的。雖然你害羞，但在情況需要的時候，你總能用堅定的聲音，說你要說的話，是不是？……
>
> 我知道你一直在成長，成熟，變得更睿智。從你最近有關公共事務的演說中，我總是震驚於一個偉大人物和先知的智慧。那是一個敏銳的先知對事務洞徹的了解。……我確信你會「全力以赴，因為這是攸關我同胞生死的事。」而你的同胞也會證明，你不但是個大學者，也是個偉人。〔像你〕這樣的人何其少，而世界又迫切的需要領導者。我希望，在巨大的壓力之下，〔歷史〕將認定，你的服務不只是為了「你的同胞」，也是為整個大病的世界。
>
> 就個人而言，胡適，你知道，我愛你。一個小人物這樣的一件小事，絲毫起不了任何作用，有時，我寫信給你，就是一件荒謬的事。

至此，我們看到韋蓮司在鼓勵胡適接受駐美大使任命上，做過一番努力和勸說。

大使四年

胡適出任駐美大使的人事命令是1938年9月17日發布的。9月20日，韋蓮司從紐約寫了一封信，表達了她憂喜參半，對胡適在學術和政治歧路上，瞻顧徘徊的充分了解：

> 好了，現在塵埃落定了，你是中國駐美國的大使了！我不能恭喜你，因為我深知這份你並不想要的責任是如何的重大。其實，我衷心的希望，你能找到一個體面的方法，擺脫此事。然而，終究找不到另一個和你能力相當人，你接受了這個工作，中美兩國都應該受到恭賀。
>
> 現在，我只能熱切的希望，這個工作不致於對你是太大的犧牲。看到今年冬天複雜的世局，和此刻緊張的氣氛，你需要何等的勇氣，來接受這個工作。這方面的話我一直沒說過，因為我不要任何細小的聲音影響或減弱你〔接受這一任命〕的決心，但是，現在，我向你表示我深切的同情了，我也很高興，這一任命帶給你崇高的榮譽。
>
> 我深信你會有足夠的力量和智慧——在任何情況下，你都能運用最高的智慧來應付困難。我們不需另有期待！
>
> 官場的波濤，有如大海上的風暴。人們只能希望他的智慧能帶著那葉扁舟安度狂風暴雨，他所能運用的，無非是一個水手平日習得的一些動作和方法。

在接受任命之前，韋蓮司積極鼓勵胡適接受這個挑戰，但接受之後，她卻表現出深切的同情。這是她的體貼和溫柔。

10月14日，胡適從華盛頓大使館發了一封信給韋蓮司，說到英國參戰的情形，和他自己近日的工作：

> 我的工作還沒有完全正式開始，因為我的到任國書還沒來。
>
> 但鑒於形勢的危急，我必須立刻開始工作；所以從10月6日到此以後，我相當忙。
>
> 多謝你給我的同情與支持，這是我時時都需要的。
>
> 我正在學習怎麼做我的工作。國書晚到，對我倒很合適；目前還沒有交際應酬，因為從官方的角度來說，我還不存在。

10月31日，胡適寫下了〈題在自己照片上送給陳光甫〉那首著名的小詩：「略有幾莖白髮，心情已近中年。做了過河小卒，只許拚命向前。」[9] 充分體現了在給韋蓮司信中所說「全力以赴」的精神。

詩寫了以後一個月零四天（12月4日），胡適在紐約發心臟病，住院七十七天。進院以後十四天，胡適就指示他的秘書游建文寫信給韋蓮司報告病情，在信中有如下一段：

> 目前情況極佳，但仍不許寫字看書。正在康復中，新年後不久，當可出院。
>
> 寄給他（胡適——譯者案）的信和禮物，已經在17日交給了他，他要我向您深致謝忱。

---

9 見1938年10月31日日記。《胡適的日記》手稿本，第13冊。

1938年12月17日是胡適四十七歲生日，是在病床上過的，韋蓮司的信和禮物及時送到，想必是病中一大快慰。

1939年1月9日，韋蓮司在接到游建文的這封信後，寫了一封回信：

> 12月19日，游建文的來信報告了你正在康復的好消息，他說你新年過後不久，就能出院。也許你會在出院時收到此信。
>
> 沒人提到你為什麼去了Harkness〔醫院〕。所以，我猜測了各種可能——最後，自我安慰的想，現在有人照顧你。無論你得了什麼病，我很高興，你能有個長時期的休息。毫無疑問的，你需要休息，而這個休息也是你掙來的。

信中還說了許多日常瑣事，她顯然低估了胡適這次心臟病的嚴重病。

1939年2月1日胡適從Harkness Pavilion醫院裡，給韋蓮司寫了一封信，詳細說明病發前後的細節，內容與一個半月以後（1939年3月14日）寫給江冬秀的信略同[10]。信的開頭先向韋蓮司致謝，她寄來了兩封信，送來了玫瑰，信末則提到：

> 在我正要進入「中年」的時候，〔這次病〕是一個及時的警訊。我應該完全停止吸煙，並徹底的重新安排生活。我希望從這次警告中獲益。要是我聽〔醫生〕的話，我可以再工作二、三十年而不致於有危險（病

10　參見，胡適，〈致江冬秀〉，在《胡適書信集》，中冊，頁770-72。

因是心臟冠狀動脈阻塞,目前復原的很好)。

在這七十七天住院的時間裡,Duncan先生時常去探病,並經常給韋蓮司寫信報告病情。在一封1939年1月15日的短箋中提到:

> 我希望他(胡適——譯者案)的病房是在西側,也就是
> 有街景的那一邊,此地就是離你第一華盛頓大道
> (First Washington Ave.)舊公寓幾條街的北面。

Duncan顯然是知道胡適與韋蓮司早年關係的一個人,他要胡適能透過病房的窗子,遙望韋蓮司當年的舊居,這是何等體貼的一個老朋友。

胡適是1939年2月20日出院的,出院的當天,還在醫院裡寫了一封信給韋蓮司:

> 經過七十七天的休息和「保護」以後,我很光榮的出
> 院了。昨天我的體重是134磅,比我病前重了5磅。
> 上個星期六,〔醫生〕允許我出去走四十五分鐘,在
> 經過新的Fort Tryon公園以後,我告訴司機去「海文
> 路92號」。我們找到了那幢房子,我因為不許上樓,
> 我在外面小駐片刻。同樣的建築,同樣的河景,只是
> 二十二、三年已經過去了!
> 我二十五歲的生日是在海文路92號過的,我還寫了一
> 首詩。〔進院的時候〕,雖然我連隔著窗子看看外面
> 都不允許,但是我知道,我離當年我們倆的地方很
> 近。我四十七歲生日那天,我仍躺在病床上,我又寫
> 了一首詩,只有四行。我會把這兩首詩都翻譯給你
> 的。

> 上個星期五，Duncan來了，我們相談甚歡。他看來健
> 康精神都很好。我們談了海文路上的日子。
> 這封信只是要告訴你，我健康恢復了，體重增加了，
> 正要出院。同時也謝謝你，在那幾個漫長的星期裡，
> 你送來了美麗的花使我高興。

在《嘗試集》裡，保存了一首〈沁園春——二十五歲生日自壽詩〉，不知是否即胡適信中所提的這首，四十七歲生日寫的詩，目前找不到了。

1939年4月17日，韋蓮司的生日，胡適有發自華盛頓的電報，除祝賀生日快樂以外，並說「我仍東奔西跑，並時常想著你。」

韋蓮司在生日當天有信給胡適，可以看出胡適送了什麼生日禮物給她：

> 我坐在床上，可以看到房間的另一端，高高的放著可
> 愛的花，這些花帶來了你年年不斷為我生日的祝福。
> 在全世界正想把自己撕成碎片的時候，我卻能在此欣
> 賞帶著黃點的白色菖蒲、精巧白色的蘭花、水仙、鬱
> 金香、金魚草和劍蘭——多麼可愛的一個花的組合
> 啊！……
> 今天早上收到了三塊刺繡，我得在這封奇怪的信上再
> 加幾個字，謝謝你送我的新禮物。他們是在畫上刺繡
> 的嗎？看來很熟悉，卻記不起在那兒見過。那隻精神
> 飽滿的蒼鷹和太陽繡在一起，真是驚人之筆！繡工的
> 技術真是太高了。「潑墨畫」透過絲來表現它的光
> 影，就顯得特別迷人，也是在春天最適合的一個主

題。

你對我實在太好了！你的思念——那可愛鮮活卻短暫
的花朵和那永生不死的刺繡——圍繞了我。從你的思
念中，我寄上我的愛和晚安。

胡適的留學日記，《藏暉室劄記》是1939年4月由上海亞
東圖書館排印發行的。5月17日，胡適就由華盛頓寄了一套給
韋蓮司，並寫了一封相當長的信說明這套日記出版的經過，以
及韋蓮司在這套日記中所佔的篇幅：

我現在寄上一套《藏暉室劄記》（我留美學生時代的
日記）給你，這套書是我的出版商上個月在上海出版
的。在我1917年回到中國以前，部分的日記已經由一
個朋友選刊在一份月刊上。等我回到中國的時候，我
很少想到這些日記，我停止了選刊，也拒絕了發表。
直到1936年，我終於接受了幾個朋友的勸說，並允許
他們發表保留的日記。〔這批日記只包括1911年1月至
10月（第1卷），1912年9月至12月（第2卷），1913年
10月至1917年7月（第3卷-17卷）〕。

這批日記分印成四冊，共1169頁——約四十萬字。我
剛重讀了一次，我必須說，我還覺得這些日記非常有
趣，有時甚至令人興起！

這些日記記錄了我的國際主義，我的和平主義，我對
不爭的信仰，爾後又逐漸的擺脫這個信仰，我對中國
文學改良和革命的主張，我的宗教觀，我的一些重要
研究報告的芻形，一些我所參與過的運動的演變等

等。

誠如你可以想像，在日記裡，我經常記錄你的看法和我們的談話。你的名字第一次出現在第428頁上（1914年10月20日）。你的名字出現在中文裡是「韋蓮司女士」或僅作「韋女士」，或作「C.W.」昨天晚上，我試著把有你名字的頁碼記下來；我找到了這許多：

第二冊：428；431；437；442；443；448-9；464（附照片）；465；475；484；522；524；535-37；553-4；558；

第三冊：625；626；627；628；653；654；658；667（詩）；749（詩）；795-6（詩）；806；821-22；835-37（給你母親的信）；842-3（給你父親的信）。

第四冊：938；958；1136；1137；1147。

在許多條日記中，我信手寫下，在我經驗的成長和主張的成熟上，我所對你的感激。

請你收下這套書，作為我倆友誼不渝的象徵。

我會另送一套給大學圖書館。康奈爾和綺色佳在第1頁到789頁，哥倫比亞、紐約市和赫貞江在第790頁到1170頁。

接近我畢業的時候，日記中所記問題和爭議越來越多，而個人的事則越來越少。[11]

1939年6月4日，韋蓮司在接到日記之後，寫了一封回信給

---

11 台北，商務印書館1959年曾重印1939年亞東圖書館所出之《藏暉室札記》，胡適標出之頁碼可以復案。

胡適：

> 你的信和郵包是十天前收到的，這十天眞是日夜都
> 忙。甚至於此刻也不能如我所願的寫信給你……。
> 一個〔中文〕的文盲，她的想像是可以隨意飛翔的！
> 從你中文日記中幾件熟悉的小事開始(作者案：也有
> 一小部分是英文的摘錄)，有幾天我的思緒和記憶整
> 個的回到了另一個時代，今天也是如此。雖然我看不
> 懂，〔你的日記〕對我還是一件有趣而且令人興奮的
> 事。那段歷史帶著新的看法又復活過來，隨之而來的
> 是新的闡釋。也許有一天，我們能坐在夏日的樹下，
> 來共同回味。
> 去年夏天，你在信中說，你是個害羞的人。我，其實
> 比你猜想的更害羞。公開的資料中，有關我的部分，
> 如果有些是個人的私事，我會覺得非常尷尬。但是，
> 你知道，我是熟悉於〔你的〕「抽象」的。所以，我
> 還是要對你送我「友誼不渝的象徵」致以最衷心的謝
> 忱！

　　胡適爲了解除韋蓮司心中「洩漏私秘」的疑慮，在6月10
日，又寫了一封信，作進一步的說明：

> 讀了你4日的來信以後，我只想告訴你一件事，日記
> 中提到你的部分都是「無關個人的」也是「抽象的」
> ——經常是一些對大議題嚴肅的討論。那幾首詩也是
> 無關個人的——都沒有主語；三首詩中的一首，我很
> 花了一點心思來說明這首詩和個人無關。

我翻檢《胡適留學日記》，在1915年8月20日，有〈臨江仙〉

一首，詞云：

> 隔樹溪聲細碎，迎人鳥唱紛嘩。共穿幽徑趁溪斜。我
> 和君拾莕，君替我簪花。更向水濱同坐，驕陽有樹相
> 遮。語深渾不管昏鴉。此時君與我，何處更容他？[12]

胡適怕讀者對這首詞妄加猜度，在詞前加了一個長序，這也就
是他在信中所說「很花了一點心思」的地方：

> 序曰：詩中綺語，非病也。綺語之病，非褻則露，兩
> 者俱失之。吾國近世綺語之詩，皆色詩耳，皆淫詞
> 耳，情云乎哉？今之言詩界革命者，矯枉過正，強為
> 壯語，虛而無當，則妄言而已矣。吾生平未嘗作欺人
> 之壯語，亦未嘗有「閒情」之賦。今年重事填詞，偶
> 作綺語，遊戲而已。一夜讀英文歌詩，偶有所喜，遂
> 成此詞。詞中語意一無所指，懼他日讀者之妄相猜度
> 也，故序之如此[13]。

這真是很費了一點心思的障眼法了，最後幾句則不免落「此地
無銀」之譏。當然，這段序立意在「修辭立其誠」，而其作用
卻多少有些「不誠」，難怪魯迅曾說讀胡適日記，有時有「真
中見假」的幻滅。這段序也讓我想起徐志摩1923年在杭州看了
胡適的〈煙霞雜詩〉，在10月13日日記上寫著：「凡適之詩前
有序後有跋者，皆可疑，皆將來本傳索隱資料。」[14] 志摩知適

---

12 這首詞見《胡適留學日記》，頁749。所記事可看1914年10月
　　20日日記，頁428。

13 《胡適留學日記》，頁749。

14 見蔣復璁、梁實秋主編《徐志摩全集》（台北：傳記文學出版
　　社，1980，共六冊），在冊4，頁501。

之也。

1939年6月15日，胡適到康奈爾大學參加校友返校活動，17日，接受本級最傑出校友的榮譽證書，18日，應中國學生會邀，去英飛爾(Enfield)瀑布野餐，由韋蓮司開車送去。當晚離開綺色佳。21日回到華盛頓使館[15]。大概就在這次短暫的聚會中，韋蓮司送了胡適一個戒指，戒指上刻著胡適的名字，和「14-39」。在一封6月29日的信中，胡適說道：「14-39提醒了我，我們的友誼已經有二十五年了！我會永遠珍惜這個戒指」。

1939年8月24日，胡適有信給韋蓮司，謝她送了一本 Harry Sherman 講經濟的書給胡適，書名是 *The Promises Men Live By*，信中講到他學經濟的一段經過甚有趣：

> 去年我把這這本書帶到歐洲，發現是一本很好的有關經濟學的書。他(作者——譯者案)讓我懂了經濟學，這是一件了不起的事，因為我一向覺得經濟理論非常難懂。我是跟艾爾文‧詹森(Alvin Johnson)博士學經濟理論的，他是一位好老師，可是，他卻沒能讓我懂得不同學派的經濟理論，這些理論對我來說，似乎都是非常抽象的，我討厭抽象的思想。(那一班很小，詹森和我們也很親切。班上的一個同學——法蘭克‧奈德〔Frank H. Knight〕——成了一個很偉大的經濟學家。所以，我必須承認，錯在我自己，而不在老師和

---

15 這段日程，參看《胡適的日記》手稿本，第14冊。

科目！）。

1939年9月6日，胡適有短箋致韋蓮司，請她照應去康奈爾參觀的長子祖望，和徐大春。這次參觀以後，胡祖望就進康大工學院了。徐大春進了 Haverford College [16]。從此胡韋的交誼延續到了第二代，成了名副其實的「世交」──胡適與韋蓮司的父母相識，胡祖望又結識了韋蓮司。直到胡適去世之後，韋蓮司與胡祖望仍有聯繫。

在一封1939年8月16日，韋蓮司寫給胡適的信中已經提到了祖望：

> 這個月你兒子就要到了。我希望他安全抵達並帶來一些家中並不太壞的消息。附在信內的簡介（太大了，放不進信封，我另寄了）提醒了我，他對工程的興趣。不知道他會不會選擇到康奈爾來。我回到了我的小房子，覺得非常安適。要是他到綺色佳來，讓他在晚上打電話給我。電話（列在 H.T. Skinner 的名下）是5345。

從一封1941年1月28日的信中，我們得知祖望送了韋蓮司一塊刺繡，而胡適則送了茶葉做為新年贈品。韋蓮司在信中寫了如下一段：

> 我希望你家裡有好消息給你。有個兒子在身邊畢竟還是一件令人滿意的事。因為他，你會對此地工程系的成長有興趣。不久校園的空地上，就將疊起灰色的石

---

16 參閱：1939年9月16日、25日《胡適的日記》手稿本，第14冊。

塊。在Sage學院西邊,已經破土興工了。

雖然你的工作繁重,我希望你多注意健康。再次謝謝
你送來好茶。

胡祖望在1942年5月從康奈爾大學畢業,韋蓮司從報上看
到了胡適要去參加畢業典禮的消息,在5月22日寫了一封信,
說到自己長期不寫信,實在是忙迫不堪。老管家伍爾特,去年
冬天重病,住院一個半月,動了兩次手術。哥哥家裡發生車
禍,侄子和大嫂都受了傷,加上她自己的工作。除此以外,她
還利用晚上選讀了兩門課:急救護理和汽車維修。在信裡,她
還邀胡適和祖望到她家茶敘。

從這些小事,我們可以看出,韋蓮司雖是世家小姐,但卻
極為獨立堅強,並樂於助人,到了五十七歲,還去學救護理和
汽車維修,這是何等精神!

1941年12月17日,胡適有〈無題〉詩一首,詩云:
電報尾上他加了一個字,
我看了百分高興。
樹枝都像在跟著我發瘋。
凍風吹來,我也不覺冷。

風啊,你儘管吹!
枯葉啊,你飛一個痛快!
我要細細想想他,
因為他那個字是「愛」!

韋蓮司每逢胡適生日,都有書信,電報或禮物給胡適。1941年

是胡適五十大壽，不可能沒有表示。胡適詩中所說電報尾上的
一個「愛」字，很可能是「with love」的中譯。在胡適寫給韋
蓮司的信中也經常以此結尾，因此，將這首〈無題〉詩中所說
電報，推斷為韋蓮司所發，應非大謬。

從一封1942年7月17日，胡適給韋蓮司的信中，可以看
出，胡適計畫從7月22日到26日，去綺色佳看韋蓮司，並住韋
處。7月31日，有發自華盛頓報告平安到達的信：

> 我回到了華盛頓的炎熱之中，過去三天又熱又濕，令
> 人很不舒服。我常想起那個在你家裡清涼下雨的星期
> 天；那是我覺得最輕鬆的一天！
>
> 到達紐約的那一天，〔天氣〕也很悶。醫生檢查的結
> 果還不錯：我的心臟還好，脈博仍顯微弱，要少抽
> 菸，多睡覺！醫生要我休息一整個月，這對我很難。
>
> ……
>
> 我想你工作的太辛苦了。即使只這麼短短的看你幾
> 天，我覺得好極了。

卸任之後

1941年年底，外交部長郭泰祺去職，發佈宋子文為新任外
長 [17]，宋在美京，對胡適多所掣肘 [18]，胡此時已萌辭意，但正

---

[17] 有關宋子文任外長事，參看，1941年12月24日《胡適的日記》，
手稿本，第15冊。

式獲准辭職則在1942年9月8日。9月24日有發自紐約給韋蓮司的一封信，可以看出胡適辭去大使後的心情：

多謝你20日的來信。

我是18日離開華盛頓的。我在此已差不多一星期了。再過一兩天我就要搬進公寓；此後幾星期或者幾個月之間，我在紐約的住址是：

東81街104號(104 East 81 St.)

我此後的計畫還不清楚。醫生勸我勿作高空飛行。而目前中國缺書，也是我不作歸計的原因之一。在為將來做出確切計畫之前，我要先休息幾星期。

這個改變對我來說是如釋重負。讓我驚訝的是許多好意的社論和私人的信函都對我去職表示真摯的遺憾。這讓我覺得，此時正是我去職最好的時機，而不要等

---

18 1942年5月19日，胡適日記，有如下一段，可以看出宋子文與胡適之間的矛盾：

自從宋子文做了部長以來(去年12月以來)，他從不曾給我看一個國內來的電報。他曾命令本館，凡館中和外部，和政府往來的電報，每日鈔送一份給他。但他從不送一份電報給我看。有時蔣先生來電給我和他兩人的，他也不送給我看，就單獨答覆了。(他手下的施植之對人說的。)

昨天我覆雪艇一長電，特別鈔了送給子文看，並且親筆寫信告訴他，意在問他如何答覆。他今天回我這封短信，說 "I replied much in the same vein"！他竟不把他的電文給我看！

記此一事，為後人留一點史料而已。

(《胡適的日記》手稿本，第15冊)

到大家都覺得已經待的太久了。

我已辭謝出任內閣高級顧問一職，過去二十五年以來，我既沒有官銜也沒有職稱，但我始終是國家和政府的諍臣，以後我將繼續無官無銜的做這件事。有好幾個美國大學請我去教書，像康奈爾、哥倫比亞、哈佛、芝加哥、威斯康辛，還有巴恩斯基金會（Barnes Foundation）（也就是羅素教書的地方）等。

在我決定何去何從之前，我要先休息一陣。我取消了9月12日以後所有的演講。做個自由人又有閒暇睡覺，真是太好了。

1944年4月30日，韋蓮司在收到胡適送給她的生日禮物之後，寫了一封謝函。從這封信中，我們看到，此時已年近六十的韋蓮司如何照顧她的管家伍爾特。信是這麼開頭的：

我生日那天送來華麗而且昂貴的花籃，證明了一個史學家對古代日子的好記性。謝謝你的好意，花朵的美麗和芬芳依舊盪漾在我的小房間裡，花開的很慢，現在都已盛開，有些還相當好。

有幾份報紙報導了你最近工作的情形，這證明新聞是自由的，我們能聽到重要人物的消息！每次聽到你健康而且活躍的消息都讓我高興。……

你聽到老伍爾特病重的消息，你一定很難過。也許你知道，他三年前病的很厲害，手術只是暫時減輕了他的痛苦，現在即使要讓他舒服一點，也無能為力了。

去年夏天開始，病情再度惡化，到了12月，即使有人

幫助他，他也無法從床上移到椅子上。在此地就如其
他地方，任何護士或幫手是很難請到的。這時，我所
受急救護理的訓練，就很有用了，我在我工作之餘，
餵他，護理他，直到3月底。從那時起，他進了此地
的醫院，由於人手的極度短缺，他並不很受歡迎。我
也經常去幫忙照顧。……

在一封從1945年3月5日寫到8日的信裡，韋蓮司報告了伍
爾特的死訊，並道出了一段極為感人的故事：

今天早上我寄了一小盒火柴盒給你，那是我們的管家
伍爾特為你收集的。他死在今年夏天，三年前的兩次
手術只給了他一些暫時的紓解。我經常想到你來〔高
地路Highland Rd.〕318號，看到他時，所表示熱切的
同情，雖然，也許你並不要這些空火柴盒子，可是我
相信，在你想到他是為你而收集的，你應該覺得快
慰。我答應他把火柴盒寄給你，他很高興。

我親自照顧伍爾特，直到最後三個月，他的腿完全癱
瘓了為止——我不能在圖書館上班時間，把他一個人
留在家裡。我晚上還去醫院看他，我從1943年起，就
在那所醫院裡當護士助理。……

從伍爾特的病和死，我們看到了韋蓮司真把一個老僕視為家
人，從伍爾特為胡適收集火柴盒這件小事，則可以看到胡適待
人的誠懇和他的親和力。

胡適辭去大使後，並未束裝返國，在美國又待了近四年，

直到1946年6月5日，才從紐約上船動身回國。在這近四年的時間裡，胡適又回到了他學術的老路，寫了不少考證的文章和讀書札記，並在1943年開始了《水經注》疑案的審理。其間，也曾在哈佛、康奈爾等大學短期客座，講中國思想，發表英文學術論文。和任大使期間相比，比較閒些，但保留下來給韋蓮司的信卻不多，1943-1944，兩年之間竟無一函。1943、1944有些殘留日記，無從考知交往情形。

1945年4月16日，亦即韋蓮司生日的前一天，胡適有發自麻省劍橋的信，祝賀韋蓮司生日，並對羅斯福總統逝世深致哀悼。

> 現在其實是4月17日了──凌晨兩點。上星期六我在紐約，星期天在華盛頓十小時，星期一早上回到此地，趕十一點的演講。
>
> 我叫一個花店在你生日那天寄些玫瑰給你。但直到現在，我才能寫信。我已經安排好了，下星期飛舊金山，但是這些事情的細節，像所謂「優先安排」需要經過許多繁瑣的程序，和打許多長途電話。（兩年半以來，我沒坐過飛機，所以我對戰時飛行的優先安排一無所知！）我太累了，晚飯以後，睡了三小時，才能繼續寫這封信。
>
> 我祝你生日快樂，長壽健康。今年，這個星期，由於你們一個偉大總統的去世顯得非常哀戚。這使我無法釋懷。林肯死在八十年前的上個星期六。上個星期六我在紐約，我在華盛頓和紐約聽著喪禮的進行，我的思緒回到了八十年前，想到一個偉大的領袖死後，無

人能繼承他的偉業。我只希望你們的新總統在接掌這
個重大工作的時候，有過充分的諮詢。

羅斯福總統去世以後，留下了一個空缺，任何人都很
不容易填補上這個空缺。從許多方面來看，他比威爾
遜總統做的更好，而威爾遜是你我都很崇敬的。羅斯
福有一種個人的魅力，這似乎是威爾遜所欠缺的。有
一天，我會告訴你，中國在長期戰爭最困難的時刻，
羅斯福為中國做了什麼。

你3月5日的來信正放在我的面前。上個星期六，我回
到紐約公寓的時候，才看到那一箱火柴盒，在紐約公寓
裡，我還留了許多書和雜物。我想到伍爾特(Walter)在
過去那麼多年來，為我收集了火柴盒我真是深受感
動。為了紀念他，我會珍視這些火柴盒。(我留了許
多不是我個人的收藏在華盛頓；只有少量的個人收藏
在紐約)。

你信到的時候，我正在寫一個〈不朽〉的演講稿，這個
演講是1945年羅伯特・殷格索講座(Robert G. Ingersoll
Lecture)，4月10日在哈佛大學神學院講的。這是中國
人思想中不朽觀念的一個歷史研究。在我修訂完稿以
後，會寄一份給你。

我想在伍爾特離開以後，你一定更寂寞了。你對他極
好，而他對你也極為忠心。對所有你的朋友來說，想
到你的房子而不想到他是不可能的。伍爾特是一個人
的影響及於他人而可以不朽最好的例證。

去年夏天很熱，我身體不太好。有幾個月，我的脈搏

跳動不規則。我吃了兩個月的藥，沒有做事。從去年
11月以來，我身體相當不錯，脈博也恢復了正常。

我喜歡此地的講座，這個講座到6月結束。6月以後，
我計畫回到紐約，把我的講稿寫的完整一些，也許可
以出版。

我11月和12月上旬將在綺色佳作六次馬聖格講座
（Messenger Lectures）。

貝克教授（Professor Becker）去世，真是讓我震驚。我
們和他在你家見面的情形還歷歷在目。我們會非常思
念他的。

請原諒這封非常潦草的信。懷著我的摯情和祝願。

上引函中提到在康奈爾所作六次馬聖格講座，改期到了1946年
2月，2月3日的日記有「今早動身到 Cornell University 去作
"Messenger Lectures" 六次。Messenger Lectures是C.U.每年請
人講的，總題為『文化史』，故我選的題目是 "Intellectual
Renaissance in Modern China"。」為了這次講座，胡適在綺色
佳住了十三天，2月15日講完第六講 "Contemporary Chinese
Thought"。日記上有「今夜奇冷，而聽眾仍滿座」的紀錄，講
後與韋蓮司同車去朋友家小坐。就現有資料看來，這次綺色佳
小聚，是胡適1946年回國前與韋蓮司最後的一次聚首 [19]。

1945年9月6日，國民政府任命胡適為國立北京大學校長，
到任之前，先由傅斯年暫代。這項任命為胡適「何去何從」的

---

19 參閱《胡適的日記》手稿本，第15冊。

問題，提供了一個答案。在結束康奈爾大學馬聖格講座之後，胡適開始整理行裝，作歸計。

胡適是1946年6月5日離開紐約的，在當天的日記上有「此次留美國，凡八年八個月（Sept. 26, 1937到June 5, 1946），別了，美國！別了！紐約！」[20]

6月12日，胡適在他所坐輪船塔虎脫總統號（President Taft）經過巴拿馬運河區時，寫了一封信給韋蓮司，述說了去美之前三個半月的生活情形。他對久戰之後，中國的將來以及他自己在國內所能從事的工作，似乎都懷著一定的憂慮，少了一點他向有的樂觀，積極和信心。信是這麼寫的：

> 在離開美國之前，未能再去一趟綺色佳，我覺得非常難過。
>
> 自從2月16日離開綺色佳以來，我一直忙於整理行裝，並結束八年又八個月的瑣事。除了待在紐約，處理變更無定的行期，及「整理裝箱」以外，我那兒也沒去。
>
> 在你生日那天，我取銷了一班4月25日發自西雅圖的輪船，為此我得18日離開紐約。我根本不可能成行。
>
> 許多裝箱整理都需要我親自料理。就女·比我必須先送還向五個圖書館借來上千冊的書，才可以開始裝自己的書。
>
> 文件和書信的分類佔掉了大部分時間。
>
> 多次船期的改變是非常惱人而麻煩的。就在輕微心臟

---

20 參閱《胡適的日記》手稿本，第15冊。

病發而必須臥床的當天（5月2日），我決定坐這班船（塔虎脫總統號）。我在床上躺了一個星期，我的心臟醫生，李維大夫（Dr. Levy）在5月15日給了我一個很好的報告，所以我就沒再改變我的計畫。最後的裝箱是非常累人的！

6月5日從紐約上船（不需帶著四十件行李橫渡美洲大陸），在船上又有個單人房，這在此時是何等奢侈！這幾乎是個奇蹟。

我沒寫信給任何在綺色佳的老朋友，我只寄了兩份我的一篇有關中國畫的文章給你，其中一份是給布爾德博士（Dr. Bald）的……。

6月5日我上船的時候，由於累和緊張，船還沒有通過自由女神像，我就開始劇烈暈船！（在我一生之中，從未暈過船！）睡覺和休息讓我覺得好得多了，我現在身體已經很好了。

這是一艘八千噸的貨輪，船上只有十個乘客。

我親愛的朋友，在將近九年的居留之後，我又離開美國了。至於我將來能做什麼，目前還不很確定。中國的情形如何，現在也不很清楚。在飛往北平之前，我會在上海待一周，在南京幾天。5月初的病使我對接受一個教學、研究和行政合在一起的工作有些猶豫。所以，我必須在三者之中作一選擇。

我會從中國寫信給你。懷著愛，一如既往。

從滯美到返台（1949-1960）

　　1946年7月5日船到上海，胡適回到了分別將近九年的中國。這次回國，由於國共談判的破裂，局勢逆轉，1949年4月6日，胡適再度去國赴美。在中國前後只待了兩年九個月，這段期間，胡韋兩人沒有通信的紀錄。

　　韋蓮司獲知胡適安全離開中國重返美國，但還不知確切住址之前，即匆匆在1949年4月25日寄了一封信到中國大使館，熱烈表示歡迎之意。摘譯如下：

> 這是一個遲到的問候，因為我沒看到〔紐約〕時報，我今天才聽說你上個星期二到了舊金山。直到現在，我還不知道把這封信寄到那兒，但我希望大使館會轉給你。眞抱歉，在使館秘書這麼忙的時候，還以這種小事相煩。
>
> 主要的祝賀與其說是給你個人的，不如說是給我們大家的。你的朋友們和整個世界都很幸運，能看到你還平安的和我們在一起。能看到你回來，眞是太好了。
>
> 聖誕節前後，祖望的一封信告訴我們，你已平安的離

開了北京，但那似乎已經是長久以前的事了。（上次
你離開美國的時候，因病展緩行期，我打電話沒找到
你，這件事卻又似乎還在眼前）……

此刻你一定是諸事紛冗，忙亂不堪，在你稍有空閒的
時候，務請告訴我近況如何，有幾個家人和你同行，
有沒有什麼事我可以幫忙。

我相信趙〔元任〕家還在柏克萊，你們也一定見了
面，也許，現在你還和他們在一塊兒呢。果真如此，
請代我向他們問好。

……

要是你想到綺色佳來暫事休息，請告訴我。

……

這封信只是為了探尋你在何處，並寄上我對你（還有
你的夫人和孩子，要是他們與你在一起）親切的問候。

從這封信，不難看出韋蓮司的喜悅之情。

哈德曼夫人

胡適回到紐約以後，仍住他大使卸任後所租的公寓，東81
街，104號。這所公寓是胡適1938年年底，心臟病發時的看護
哈德曼夫人（Mrs. Virginia Davis Hartman）為他安排的[1]。以後
兩人成了朋友，時相往來。在胡適日記中哈德曼的名字曾多次

---

[1] 有關這公寓，參看，趙潤海，〈胡適紐約故居〉，在《胡適研究
叢刊》第一輯（北京：北京大學出版社，1995），頁338-44。

出現，有時用全名，有時用V. D. H.有時即用V。據胡適任職駐
美大使時的秘書傅安明的回憶，我們還可以看出這位哈特曼夫
人的一些樣貌：

> 哈特曼夫人是一位高技術的心臟特別護士，比胡先生
> 大概小十多歲。她是一位瘦瘦的單身職業女性，有修
> 養，有氣度，和藹可親，善體人意，但並不漂亮。胡
> 先生病後到紐約去時，必會跟她見一面。胡先生1942
> 年9月卸去大使職後，還居紐約，住東81街104號。這
> 公寓是哈德曼夫人替胡先生安排的。此街是高尚住宅
> 區，出入也方便。胡先生旅居紐約三年多，到1946年
> 6月5日才乘船回國任北大校長。這三年多期間，哈德
> 曼夫人對胡先生的寂寞生活的調劑，是很有幫助的[2]。

1939年3月13日，胡適在日記中有如下一段：

> 看護Mrs. Virginia Davis Hartman今天回紐約去。他自
> 從12月6日看護我，到今天凡九十七天，待我最忠
> 愛，我很得她的好處。今天她走了，我很覺得寂寞[3]。

1944年12月4日，胡適在日記中又提到哈德曼：

> 寫信給V. D. H.，謝謝他六年中特別看護我，幫助
> 我，辛苦的謀我舒適[4]。

從這兩段日記中，可以約略看出胡適與哈德曼的交誼。

---

2 傅安明，〈如沐春風二十年〉，在李又寧編，《回憶胡適之先生
 文集》第一集(紐約：天外出版社，1997)，頁17。

3 《胡適的日記》手稿本，第14冊。

4 《胡適的日記》(香港：中華，1985)，頁603。手稿本無1944年日
 記。

在這次新發現的書信中，有一封1949年8月15日，哈德曼寫給韋蓮司的信，最可以說明她如何「辛苦的謀胡適的舒適」。同時也可以看出韋蓮司不嫉妒的包容胸襟。

哈德曼擔心紐約太熱，胡適住著不舒服，想在公寓裡裝套空調，但較好的一套設備需款五百美元，這筆款子，非她能力所能負擔，哈德曼在信中說：「像你這樣一位關心他（胡適）的老朋友，一定願意看到他的住所舒適。你知道，我對目前所作的安排（指胡適住在東81街104號一事）滿意極了。我們的鄰居說我就像一隻只有一個小雞的母雞。」最後這句話意指哈特曼全心全意的只照顧一個人。後來因為胡適預測8月8、9日以後「秋分」已到，天氣不會過熱，哈德曼在信裡寄還了韋蓮司分擔買空調的支票。這雖不是一件大事，但很可以看出韋蓮司和哈德曼對胡適真是關懷備至。套用一句上引胡適日記中的話，就是兩人共同為謀胡適的舒適而努力。

在胡頌平所編《胡適之先生年譜長編初稿》中，在1949年10月底，有如下一條，亦可見哈特曼對胡適的照顧：

> 胡先生在〔民國〕38年10月底11月初，兩次心臟劇痛……當時醫生要胡先生節食，減體重，常常只吃幾片Melba toast（乾麵包片）了事，甚以為苦。胡先生有一位美國女看護名Mrs. Hartman，經常照料，執行醫生命令，雷厲風行。去探望胡先生的客人常被他趕走。但胡先生這段休養時間對他是大有好處的[5]。

----

5 胡頌平編，《胡適之先生年譜長編初稿》，第6冊，頁2107。

從這些瑣事中可以看出當時胡適生活的一些細節。

1949年，胡適重返美國，但在心境上卻絕非以往在美國時
所能相比。國民黨垮了，年紀老了。事後回憶，他說：「我感
到抬不起頭，說不出話……我充滿了悲痛的心情」這是胡適生
命中最黯澹的一段時期[6]。

從1949年4月21日，胡適在舊金山登岸，到1958年4月4
日，由舊金山飛返台北，出任中央研究院院長。這九年可以視
為胡適滯美時期，其間，除1950年到1952年，任普林斯頓大學
葛斯德東方圖書館館長，有固定收入外，主要是靠到處演說，
或在大學作短期講座，維持生計[7]。

胡適夫婦同訪韋蓮司

1953年7月6日，胡適與夫人江冬秀同訪韋蓮司於綺色佳，
並在韋寓住了二十七天。有關這次三人近一個月的聚會，胡適
留下的材料極少，只有7月21日致陳之邁夫婦的明信片上提
到：「我們在Ithaca小住已經兩星期，此地很涼爽，有點捨不
得離開，大約須到8月12日回紐約去。」[8] 又8月8日在給趙元任
夫婦的信上說：「冬秀同我在Ithaca住了二十七天，很舒

---

6 胡適，〈北大同學歡迎會上講話〉，在《胡適言論集》乙篇（台
　北：自由中國出版社，1950），頁60。

7 有關胡適這兩年的生活，參看，周質平，〈胡適的暗澹歲月〉，
　收入本書附錄。

8 《胡適之先生年譜長編初稿》，第6冊，頁2343。

服。」[9] 短短兩條而已。

韋蓮司為了胡適夫婦的來訪,早在4月18日就發出了邀請。從她的邀請函裡,可以看出,韋蓮司所住的房子(322, Highland Road)很大,其中有好幾個獨立的「單元」,各有浴室、廚房、客廳和臥房。7月份是暑假,房客都離開了,她不但邀胡適夫婦去小住,還說可以讓他們帶幾位朋友同去,以免江冬秀寂寞。她真是設想周到,預備在每個廚房裡都購置好中國食物。

韋蓮司在1953年4月18日寫給胡適的信裡,除了詳述她的計畫以外,還附了一封信給冬秀。這是她第一次寫信給從未見過面的胡夫人,語氣是相當客氣而且正式的:

> 親愛的胡夫人:
>
> 你到達紐約似乎已經很久了,無論就什麼禮節規矩來說,我都該在幾個月前寄封信表示歡迎才對。要是母親還活著,你到達的那一刻,她就會寫這封信(而且會做的比我巧)。雖然這樣的延誤是不可原諒的,我還是要請求你的寬恕。
>
> 你丈夫在此做學生的時候(1913?),我母親待他如自己的兒子。你們結婚以後,你們的照片就放在她的案頭。要是她能親自迎接你們,她將感到何等高興!
>
> 在好客和社交才能上,我真使我母親丟臉。現在,總算發出了我誠摯的邀請,請你來參觀胡適的母校。我自己麻煩的瑣事總算安排好了,我這所小房子裡的幾

---

9 《胡適之先生年譜長編初稿》,第6冊,頁2344。

個單元，7月裡可供你們使用。

我希望你和你丈夫能蒞臨寒舍，要是你願意，也請帶幾個朋友同來。

此地有兩三個小單元，每個都有雙人房、衛生間、客廳和廚房。除了你們自己以外，再來兩位到四位朋友，能住的相當舒服。我希望在環境簡單愉悅的鄉間，這樣一個家庭式的小聚會，能帶給你們輕鬆愉快。綺色佳的七月比紐約稍涼。

希望你們能來。

克利福德・韋蓮司敬上

韋蓮司在給胡適的信裡，有如下一段，可以看出，她對這個邀約不是完全沒有顧慮的：

要是你覺得這樣一個家庭式的聚會，你夫人還能感到愉快，而我〔給冬秀〕的條子，也還不令人討厭，能否請你將條子給她，或者把條子退還給我，修改以後再寄給她。你看那個好。我希望我極度的失禮（也許多年來的風言風語！〔years of gossip〕）並沒有造成不可理解的誤會……。

我很高興，我許多朋友的夫人都成了我的朋友。要想在第一次的接觸中，就發展出一種自然的友誼這是不是過度的奢望？

我真佩服你夫人能料理好你的書房，對你有不渝的忠貞。我對中國女子優良的訓練，有著最深切的敬意。……

此處所說「多年來的風言風語」，指的當然是胡適與韋蓮司的

關係，她擔心江冬秀已有耳聞，這樣的聚會豈不成了弄巧成拙。但從胡適夫婦一住二十七天及胡適寫給陳之邁和趙元任的信可以看出，這次聚首是很愉快，也是很難得的。

返台前夕

1954年，中國共產黨正發動全國各階層進行胡適思想批判，而整個世局也見不到什麼令人樂觀的轉機。胡適在這年的最後一天，寫了一封短函向韋蓮司賀節，透露了一些當時胡適的心境：

> 現在已經是凌晨12點50分了，所以是1954年的最後一天了。
>
> 我要寄上這份遲到的新年祝願，願有一個更好，更快樂的新年。冬秀要我謝謝你寄給她的禮物。
>
> 我跟威爾考克司教授（Professor Willcox）和他的三個孩子在鄉村俱樂部吃了午飯。九十四歲的人還能到處走動，真是了不起！我們談到綺色佳和那兒的許多朋友，也談到中國和世界將來的局勢。老人要我告訴他，中國將來會如何。在假日的氣氛裡，我說什麼能讓他們聽了高興呢？那個最小的兒子比爾（Bill）在聽了我的老實話以後，尤其覺得不耐煩。
>
> 我想到你，也想到長久以前我們多次的長談。即使在1915年到1917年那個戰爭的年代裡，你我夢想一個更好的世界。四十年過去了。我要你知道，在這1954年最後的一天，我依然夢想一個更好，更快樂的世界。

1955年，韋蓮司從5月4日到15日，時斷時續的寫了一封話家常的信。信的開頭特別註明「請與你夫人同看」。在信中說到，收到了胡適寄去的禮物。並且聽說他們夫婦有可能再去綺色佳，她表示竭誠歡迎。韋蓮司當時已有賣房子的打算，她希望在房子過戶之前，能再和胡適夫婦聚首一次。但從現有的材料看來，胡適夫婦並未再去綺色佳造訪。

同年12月29日，胡適寄了一張近照給韋蓮司，並談到自己近年來，健康已大不如前；

> 這張照片是12月初拍的，看起來我還相當健康。其實，我已經感到歲月不饒人了。上個星期是我六十四歲生日，也是我心臟病發(1938年12月4日)第十七周年。去年，我很容易感覺疲倦，在第五大道上，走上五條街，就經常需要停下來休息，那才只有四分之一哩的路啊。
>
> 唯一讓人寬心的是：在我作自己喜愛的研究工作時，坐著工作三、四小時，還不覺得疲倦。
>
> 我常想到卜朗吟的詩，〈格蘭馬瑞安的葬禮〉，這是我最喜歡的一首詩。我回顧自己的一生，我基本上是個人道主義者。卜朗吟的「格蘭馬瑞安」似乎捕捉到了這種精神——一種早期文藝復興的時代精神。

現存台北胡適紀念館韋蓮司給胡適的信，大多是1958、1959、1960三年寫的。從這十幾封晚年的信裡。可以看出，韋蓮司老境並不寬裕，而獨居的生活，孤獨寂寞是可以想像的，但她卻從不在信中自怨自艾，始終表現出對生活的興趣和熱

愛，這也是她與胡適極相似的一點。由於自己一輩子沒有特殊的成就，而胡適卻是世界知名的學者，在信中偶而透露出過分的自謙，當然，這也正是她對胡適的仰慕，愈老彌篤，最好的說明。我在此節譯幾封，可以窺見胡、韋兩人老年之情誼。

1958年1月13日，韋蓮司有一封寄自綺色佳給胡適的信。開頭提到胡適寄了一份他在聯合國的演說（指的是1957年9月26日胡適代表中華民國出席聯合國大會，講〈中國大陸反共抗暴運動〉）[10] 給韋。韋在收音機上聽到胡的演講，對胡的演講表示恭維。接著她寫道：

> 你生日那天，我打電話給你，你那時大概在〔聯合國〕常務理事會吧？
>
> 最受歡迎的禮物茶葉已安全到達，精緻的拖鞋也同時收到。茶有一種我很喜歡的特殊的清香和味道。寄拖鞋來是否表示你有意來綺色佳？我希望是如此！一如既往，我對我們長久的友誼，懷著無限的感念。我要謝謝你們兩位（譯者案：指胡適與江冬秀）。我尤其感動的是看到〔郵包〕上的地址是你親手寫的。在這個傳統假期忙亂的季節裡，再加上〔你的〕生日，你又需在〔聯合國〕參加重要的會議。我真覺得罪過，你還把我的名字例在你的行事表上！請你以後把我的名字劃掉！要是你忽略了我，而能使你緊湊的日程稍緩，我會覺得很高興的。

---

10 這次演講全文，參見《年譜長編》，第7冊，頁2597-2604。

　　1957年11月4日，蔣介石發表胡適為中央研究院院長，1958年4月8日胡適返抵台北，10日就職。在台短住，6月21日飛返紐約。準備結束紐約的生活，回台主持中研院。韋蓮司在在1958年7月4日寫了一封信給胡適，並寄了一套銀製餐具，想是做為臨別的贈禮，這套餐具上，各以中、英文刻了「冬秀」兩字，在美國找人刻漢字，是何等的不容易！真可以說是煞費苦心了。7月4日的信是這麼寫的：

親愛的H.S.

寄上典型的美國小禮物兩人用餐具一套給你夫人帶到福爾摩沙（Formosa，即台灣，譯者）去。我希望她喜歡，這套餐具可供不慣使用筷子的西洋客人用。

我的這個主意是有點奇怪的，上面刻的字就更怪了。她的名字用英文刻在一套上，用中文刻在另一套上。那個刻工從來沒有見過漢字，更沒有刻過漢字。第一個湯匙，一眼看去，真是太奇怪了，我幾乎要放棄〔刻中國字〕的打算了。然而，我們還是堅持下來了，希望這個可笑的結果能使她（冬秀）一笑。這可能會使她想到許多透過無知來表示景仰的笨拙作法。

有些講究禮貌而又受過亞洲式教育的西方朋友建議，致贈這套小禮物的規矩應該是我稱她為「姐姐」。而實際上，她比我小幾歲，這在西方，卻反而更值得驕傲。所以我沒稱她為姐姐。我在銀器裡，附了一個個人的便條給她，能不能請你把這個條子翻譯成不帶修飾，平舖直敘的中文──一個樸素而不修飾的我。

我不該用這麼小的一件事來佔用你寶貴的時間。但這

件事對我卻是極有意義的。這份友誼從我母親和你開始，始終只是兩個人之間的友誼，既不因文化和種族上的差異而有所增減，也不是因為一種異國的風情而造成特殊的吸引（毫無疑問的，吸引是有的）。我相信你有許多這樣的友誼，但這樣友誼的可貴的價值還少有人知道。一種單方面為了權勢、博學、魅力或榮耀所建立起來的關係，一旦失掉這些東西的時候就成了烏有。

韋蓮司寫給江冬秀的短箋，說了許多極客套的話，表示了她對江冬秀「勇氣、幽默和堅貞不移」品格的景仰。短箋的後段寫道：

我感謝你接受像我這樣一個沒有訓練又沒有價值的人做為你的朋友。

這種過謙的口吻，很不像胡適在《留學日記》中所描繪的韋蓮司女士，那是一個特立獨行，議論風發而又不恤人言的女中豪傑。我在細讀胡，韋兩人來往書信之後，發現韋蓮司一接觸到江冬秀，就表現出一定的不自在（not to be herself）───一種過分的謙虛、客套和謹慎小心。由於語言上完全不能溝通，韋蓮司是透過胡適的傳譯來表達一點她對江冬秀的關懷。胡適過世以後，兩人為了整理胡適的信件，還繼續維持了幾年的友誼，這份情誼真是來之不易！

7月11日，胡適在收到韋蓮司7月4日來信和禮物之後，從紐約寓所發了一封回信。在信中，除了對贈禮表示感謝以外，也對兩人的長期友誼作了回顧。至於江冬秀是否回台一點，則

完全聽任她自己的決定。信是這麼寫的：

你7月4日的信先到；接著收到包裹，包裹內是一套給
冬秀精美貴重的Gorham牌銀器。

中文名字的第二個字刻的非常好，但第一個字（冬）刻
的不太好。這眞是一套非常漂亮的銀器，背後有多少
巧思和關懷！

冬秀要我代她向你表示最懇切的謝意。我把你的字條
和名字都翻譯給她了，你名字的中譯是「石中路」
（Way-among-rocks）。她深覺遺憾，不能用你的語言來
表達她的感激。

目前，她還沒決定是不是跟我一起回〔台灣〕去。她
不喜歡那裡的天氣，尤其是福爾摩沙的潮濕。

我不勉強她做任何她不喜歡的事。她喜歡看孫子（他
的小兒麻痺已經痊癒了，只是走路的時候，右腳有一
點兒跛）。

無論她做什麼決定，我相信，你的好意，她將永誌不
忘。

我想加句話，文字無法表達我對你衷心的感謝。我非
常欣賞你說的那句話「兩個人之間的友誼」，這份友
誼長久以前開始，一直維持到今天，對我們的一生有
多方面的影響，這個影響是超過我們所能理解的。我
一向珍惜這份友誼。

三個星期以前，我在舊金山和柏克萊看到〔趙〕元
任。他的夫人已經痊癒了，可是他們的二女兒Bella還
在醫院裡。他們的三女兒和她日本數學家的丈夫今年

要搬到康奈爾來教書。

我到紐約已經三星期了，我還覺得很疲倦，沒有精力
做計畫，也沒有精力整理行裝。要料理將近九年所留
下來的一筆爛帳，不是一件容易的事！我1949年來的
時候，只有兩個皮箱，其中一箱是書。現在我的書已
經超過兩千冊了。

康奈爾願意管理我的檔案。我還沒開始想這個問題，
也沒有進行整理，究竟什麼是我的「檔案」。

在極度疲倦的感覺過去以後，我會再寫信給你的。

在這封信中，胡適已經談到了自己「檔案」的問題，這畢
竟是身後事了。現存康奈爾的「胡適檔案」(The Hu Shih
Papers at Cornell: 1910-1963)包括了一部分胡適早年在康奈爾
大學時期發表的英文文章，及若干書信，大部分是剪報。其中
並沒有關於韋蓮司的資料。韋蓮司將自己珍藏了五十年的書信
贈予胡適紀念館，而沒有送一副本給康奈爾。大概是她晚年在
精力、人手和經濟俱不充裕的情況下，已無力再顧到康奈爾
了。

回台以後

胡適是1958年10月30日離開紐約，飛返台北的。韋蓮司在
10月19日寫了一封短信給胡適：

這是一封過遲的謝函，感謝你寄來的兩包茶葉。我猜
想，你夫人參與了選擇那些精美的食物，若果真如
此，請告訴她，我已開始享用這些食品了。我首先打

開的是個沒有標籤的鹹肉盒子，大概是牛肉吧？我很
喜歡這些肉和我自己園子裡種的蔬菜一起吃。非常感
謝你們兩位，我食品的存貨很有限，你們寄來的肉和
好茶，不但可以用來招待朋友，也可以讓我自己在這
個忙亂的時節裡，吃得好些。……

請你寄張明信片來，告訴我，你何時起航或起飛(是
在一星期之內嗎？)還有寄到台灣的信件，〔地址〕
該怎麼寫：要是方便的話，也請你告訴我，與你夫人
同住在公寓裡的那對夫婦的名字，要是我偶爾寫信給
她，她們能幫忙翻譯嗎？

要是我再不停筆，就無法和你說一路順風了。

祝你精力常新，睿智而且平和！我的思念與你同在。

在這幾封信中，韋蓮司一再表示自己生活極忙。這時她已
七十三歲，從康奈爾大學圖書館退休(1946年)已經多年。她主
要是忙著料理房子出租，這時已有售屋的打算。此外，她也忙
著整理韋蓮司家族的檔案資料。這些資料現存康奈爾大學檔案
館。

10月21日，胡適在接到韋蓮司信後，寫了二封短信，回答
了她的問題，對於在行前，無法去綺色佳話別，深致遺憾：

多謝你10月19日的來信。

我計畫10月30日(星期二)離開紐約，在舊金山和東京
短暫停留以後，11月4日到達台北。

10月以後，我的地址是：

中國，台灣

台北，南港

中央研究院

和冬秀同住一個公寓的年輕夫婦是錢煦博士和夫人。
錢博士目前是哥倫比亞病理學助教授，他的夫人是
〔紐約〕一所市立醫院的駐院大夫。

此時我最大的遺憾是不能在行前去看你，再訪綺色
佳。不過明年夏天我會回來，也許參加我那一級同學
四十五周年的同窗會！

1959年6月18日，胡適有一封寄自台北南港，中央研究
院，給韋蓮司的信，信中說到這年三月割治背上粉瘤的事，這
段敘述與同年4月27日給楊聯陞信中所說幾乎雷同，可以參看
《胡適書信集》[11]，不再贅述。從信首的一段話，可以看出，
胡適到了台北以後，兩人仍經常互贈禮物，並時有函電來往：

多謝你的電報和寄來四條最有用的毛巾，這份禮物使
整個屋子顯得溫暖。也謝謝你去年12月14日的來信，
在信中，你抄寄了我在1916年1月31日寫給你父親的
信。

長時以來，我一直想寫封信給你，但是總勻不出時間
寫封像樣的信寫給一個好朋友。這封信是在凌晨一點
十五分寫的，是很不能令人滿意的。

這年7月初，胡適應邀去夏威夷大學，東西方哲學研討會
上，發表〈中國哲學中的科學精神與方法〉（The Scientific

---

11 參閱，〈復楊聯陞〉，在《胡適書信集》，下冊，頁1391-92。

Spirit and Method in Chinese Philosophy)一文。8月3日飛到紐約。

在上引給韋蓮司的信中,胡適對韋氏邀請他去綺色佳小住,表示感謝,並說:「要是我安排得開,我會去看你的。」但就目前的資料看,並沒有會面的紀錄。

1959年7月26日,韋蓮司寫了一封兩頁的信給胡適的媳婦曾淑昭(Margaret Hu)。這時胡適的孫子胡復因小兒麻痺住院,韋蓮司在信中表示慰問,並對她自己當時的生活有比較詳實的紀錄,是我們瞭解韋氏晚年生活重要的材料:

> 我的房子總算完全租出去了,簽了一個兩年的租約。房客希望將來能買這幢房子。屋中家具和雜物的處置也差不多完成了,然而,因為種種原因,我自己將來的計畫,卻始終沒有確定。我現在住在由車房改建的只有一間臥室的單元裡,因為車房始終沒有租出去。我家族的一些檔案,還需要審核和整理,到目前還是一團糟。這件工作,加上小車房單元的修理,(或許將來還能出租),還有菜園裡的工作就能用掉我所有的時間……
>
> 實際的情形是我搞的很糟糕。我試著在同一時間又做清潔工,又做油漆匠,又做搬屋工人,又做園丁,又做推銷員,還得兼做經銷商。今年夏天,我在外面的工作之一是在一個小兒麻痺診所幫忙……。

從這段描述中,我們可以看到一個出身世家,七十四歲的老小姐,孤獨的住在一個由車房改建的小單元裡,還得裡裡外外親自照應一切。但即使如此,她還不忘到一個小兒麻痺的診

所去做「義工」。她的堅強、勇氣、服務社會的熱忱和獨立自
主的精神，都是值得敬佩的。

即使在這樣的境況之下，韋蓮司還一心念著爲胡適著作的
出版和英譯盡些微力。在一封1959年12月11日寫給胡適祝賀生
日的信裡，她提出了如下的建議，作爲生日禮物。

> 現在，我要在〔12月〕17日那天，祝賀你。我有些不
> 自量力也有些猶豫想幫你做一件事。
>
> 也許早已有一些「學術基金會」之類的機構安排出版
> 你重要的著作，像注釋、考證、古典文獻等等，是不
> 是用英文出版，我不知道(我若不是這麼無知，找出
> 這個答案並非難事)。總之，我想為你重要著作的出
> 版和英譯盡些微薄的力量，譬如，你早年所寫那些具
> 有啓發，充滿活力和創造力的作品，都是用中文寫
> 的。
>
> 除非我搬到一個生活消費比較低的地方去，在我有生
> 之年，我似乎不可能做什麼。然而，我要確定，在我
> 身後，有筆款子專門用做這個目的。當然，這得經過
> 你的同意。這筆款子也許不過幾千塊錢，但如果應用
> 得當，可以用這筆款子做為開始，逐年遞加，結果可
> 以成為一筆可觀的基金。
>
> 長久以來，這一直是一件在我心中想告訴你的事，然
> 而，歲月流轉，我現在總算把它寫成了這紙短箋，飛
> 寄給你，做為你的生日禮物。請將你的看法和指示告
> 知。

韋蓮司1946年就從康奈爾大學圖書館退休了，十幾年來，主要是靠有限的房租收入，維持生計，而晚境尤其蕭條。幾千塊錢對她絕不是一個小數目，很可能是畢生積蓄。這封信，就一定的意義來說，是對自己身後財產的處理，她願意盡她的力量來促成胡適著作的英譯和出版。且不論此事有無實現，只是這點用心，這點許諾，已足感人至深了。

1959年12月22日，胡適從南港，中研院回了一封短信：

> 衷心感謝你為我生日寄來的信！我最感動的是你為了幫我著作的出版和翻譯，所提出的構想！容我考慮過後，再寫信給你。
>
> 我生日那天，不在台北，從上午八點半到晚上五點半，我用現在在台中（台灣的中部）「故宮博物院」的一個藏本與另一版本互校，過得非常愉快，我現在已回到南港，從12月23日到25日，將為兩個無聊的會議忙碌，我今年最大的一個遺憾，就是沒能去綺色佳。

我們看了胡適的回信，也許不免覺得，如此重大的一個許諾和生日禮物，怎麼只寫了短短幾句話做為回應。我的猜測是：胡適的感動是真的，但英譯和出版的計畫過分龐大，絕非任何個人的能力所能成事。所以也就沒有表示太大的熱心，以免誤導了韋蓮司的一片誠意。

胡適六十九歲的生日是在北溝故宮博物院校對《水經注》度過的。

最後的會面與身後事
（1960-1962）

最後的會面

　　1960年7月8日，胡適赴美，在西雅圖華盛頓大學參加中美學術合作會議（Sino-American Conference on Intellectual Cooperation），並發表演說，〈中國的傳統與將來〉（The Chinese Tradition and the Future）[1]。這次訪美，待了三個月又十天，10月18日返台。這是胡適一生中，最後一次訪美。

　　從現存來往的信件中，可以看出，在這三個多月的時間裡，胡適與韋蓮司在9月初在華盛頓有過短暫的會面，並在韋

---

[1] Hu Shih, " The Chinese Tradition and the Future," in *Sino-American Conference on Intellectual Cooperation: Reports and Procedings*, (University of Washington, Dept. of Publications and Printing, 1962), pp. 13-22。有徐高阮中譯，〈中國傳統與將來〉，在《胡適演講集》（台北：胡適紀念館，1970，共三冊），冊1，頁220-47。

蓮司離美赴巴貝多時，胡適親往送行。這也是胡適與韋蓮司最
後的訣別。

　　1960年，對韋蓮司來說，是個有重大變化的一年，這年年
初，她病到「不能行動」，從胡適4月27日的一封信中，可以
看到她得病後的情形：

> 多謝你4月19日的來信。
>
> 我看到你「不能行動」，「還不能上樓」使我非常掛
> 念。你一輩子都極為活躍，要你「學習在不能行動中
> 生活」一定是件極困難的事，多久以前開始，你的健
> 康變得這麼糟？
>
> 我很高興你現在變得聰明了，雖然「晚了一點」———
> 「知道了自己新的極限，早早上床，要是可能，睡個
> 午覺，永不在已經疲倦的時候，勉強自己。」

　　在一封1960年7月9日，韋蓮司寫給胡適的信裡，她說到出
售綺色佳舊居及遷往巴貝多的計畫：

> 隨著7月的到來，我懷著能多看你幾眼的希望。天氣
> 經常並不很好，我的思緒總是圍繞著你，不知3月初
> 〔心臟病發〕以後，情況如何？你5月初的來信真令
> 人難以置信。我相信以你的勇氣、決心要「守規矩的
> 過日子」，加上你熱愛生命的精神，你還能好好的過
> 許多年。但誠如你所說，我們都得小心度日———但願
> 你精力常新！……
>
> 在過去一段時間裡，過多的精力放在我個人的私事
> 上。芝加哥大學出版社來了一個電話，使原本打算在
> 此長期居住的房客，突然之間，計畫離去。他們的朋

友則想買下整幢的房子。所以，我必須在9月1日以前
整個邊出綺色佳。〔售屋〕的談判非常瑣碎，我希望
不久就能結束。

我計畫留少量的家具在儲藏室裡，大約在11月1日左
右離開。我想去英屬巴貝多島試住一個冬天，那兒的
天氣（還有幣值的對換！）都很好。

當然，最糟的還是那些未經整理的家族檔案。一個月
來，我有一個很好的年輕比利時人幫我做些日常的烹
飪，但是材料實在太多，至今還是一團糟。好在，我
身體好的多了，差不多兩個月來，我停用了強烈的可
體松和其他藥物。據別人說，我的臉部還有些藥物的
影響（譯者案：長期使用可體松，往往使病人臉部腫
脹，俗稱「滿月臉」），但從來都不是太明顯。我所
以提這件事，只是免得你太驚訝。昨天有人說我很像
我父母的臉。（除了臉），別的地方都消瘦了。和世界
上發生的大事相比，這實在太微不足道了！我盼著能
靜靜的聽聽你的想法和遠見。還有我稍早提到出版
（你的著作）的計畫，你的看法如何。

1960年9月4日，胡適正在華盛頓出席中華教育文化基金董
事會四十九年度會議，《自由中國》半月刊發行人雷震等，以
涉嫌叛亂補捕。胡適曾兩度致電當時副總統陳誠，請政府謹慎
處理此一事件。胡適精神情緒都大受影響[2]。9月16日，胡適從

---

2 參閱《年譜長編》，頁3334-28；《胡適的日記》手稿本，1960年
  11月18日。

紐約有信給韋蓮司，可以看出當時心境：

> 衷心感謝你9月9日的來信。
>
> 幾次想寫信給你，但每一次都寫不完。請原諒我最近沒寫信給你。
>
> 9月4日在台北發生的事讓我非常不愉快。從附上的剪報（9月5日的《紐約時報》，也就是你到華盛頓的那一天）和我在邊上所寫的一些意見，你可以看出這個案子的嚴重性。
>
> 《自由中國》半月刊出版的頭三年（1949-1952）印了我的名字作為「發行人」，這個半月刊也經常被認為是胡適博士的刊物。
>
> 所謂「新黨」也經常被看做是「胡適博士所領導的一個運動」。許多人是想說服我來領導這個運動，但都為我所力拒：「要是我想參加政治，何必等到老年呢？」
>
> 這種種說明我個人關心這個案子，我必須盡一切可能來幫助那四個被捕的人。目前我一籌莫展。
>
> 我還沒決定回台的日子。也許我在紐約至少會再待十天。
>
> 你一有空就請來個電話（Bu-8-5199）。
>
> 過去十三天來，我的思緒有些不寧。但我經常想到你和你我的友誼。你到的時候，一定打電話給我。

胡適與韋蓮司9月6日上午曾與蔣夢麟等人在華盛頓共進早餐。9月9日，韋蓮司從馬利蘭州發了一封信說到華盛頓的這次短暫聚會，對胡適的關愛，至為感激。1960年10月10日，韋蓮

司從巴貝多寫了第一封信給胡適，我節譯一部分，可以略窺韋
蓮司在巴貝多的生活：

> 要想〔把記憶〕畫下來是多麼困難的一件事，然而記
> 憶卻又如此鮮明的呈現在我們眼前！
>
> 你來送行是一個珍貴的禮物，我怕那花費不貲，語言
> 是無法表達我的感激的。上個月你所給我無私而又體
> 貼的關愛，是任何人都承擔不起的，而我，尤其不敢
> 當。這幅人間關愛的圖像將懸掛在我的記憶裡，無論
> 我到何處，都將帶給我喜悅。
>
> 我希望牙疾沒有帶給你太多麻煩。你總是過分要求自
> 己做體力所不能堪的事，而有些事竟是為了我，這讓
> 我覺得非常不安。你來送行的時候，實在太蒼白了。
> 我希望牙疾是使你疲憊的部分原因，而牙疾治好後，
> 你會覺得好些。在獲悉你的音信之前，我是無法放心
> 的。我希望你能在十四號離開紐約之前收到這封信
> （要是日子還沒有改的話）。
>
> 昨天傍晚，我坐在此處，面對著浩瀚的海洋和無邊的
> 天際，看驚濤拍岸，拍岸的浪花是個非常複雜的圖
> 像，在其中我找到了海洋、天空，和森羅萬象之
> 美……。
>
> 我寄了一份當地的報紙給你，讓我驚訝的是新聞居然
> 還不少。當然，你也會看到加勒比海的風風雨雨。你
> 在機場一定已經注意到了，此地主要是非洲人，他們
> 友善而溫和，使我有賓至如歸之感……。
>
> 這個鄉間式的小旅館很客氣，就目前來說，也就夠住
> 了。這個旅館在一個相當擁擠而且吵鬧的地區，可是

> 海、天和萬物的景色是很漂亮的。不知道圍繞著台灣
> 的海水是否也如此碧綠中帶著紫色，覆蓋過白色的沙
> 灘……。
> 不久，你也將回到一個海島上。不知道在喧囂過後，
> 他們會不會釋放雷震。我會注意這件事和成立第二個
> 政黨的新聞。台灣有英文報紙嗎？偶爾寄些剪報給
> 我，那是很有趣的事……。

巴貝多是加勒比海東南方的一個小島，面積只有四百三十平方公里，1966年宣佈獨立。1960年韋蓮司到達時，還是英國屬地。韋蓮司住在島上的首府橋頭鎮(Bridgetown)。

上引節譯的這封信，在現存的信件中，是韋蓮司寫給胡適最後的一封信。胡適有1960年10月16日發自紐約的回信，節譯部分如下：

> 你10月10日的信是星期五(10月14日)到的。但我並沒
> 有在那一天起程。西北航空公司駕駛員罷工，我飛越
> 北極的航班因此取消了。我明天(星期一，10月17日)
> 搭乘DC-7C的飛機離開〔紐約〕。要到星期五(10月
> 21日)早晨才到台北。
> 多謝你那封美好的來信。看到你用有力而且穩健的手
> 所寫出來的字讓我非常高興，這也是四十多年來我所
> 看慣的。我相信，你我還有好多年的日子可以過呢！
> 你那對傍晚景色的描寫：「面對著浩瀚的海洋和無邊
> 的天際，看驚濤拍岸」，使我想到你已找到了一個暫
> 停行腳的美好去處，並可以在那兒做你所要做的事。
> 在再度開始工作之前，先好好的休息一陣！

信雖不長，但不難看出一個老友殷殷的關切。

　　1961年2月25日，胡適心臟病復發，在台大醫院住了五十六天，到4月22日才出院。病發以後一星期，3月4日，胡適在病床上，勉強寫了一張明信片給韋蓮司，只有寥寥幾個字：

　　病情有進步，別擔心。

　　(I am making satisfactory progress. Don't Worry.)

這幾個字寫的歪歪倒倒，全不像胡適平日筆跡，但仍看的出來是胡適所寫。這張明信片是現存信件中，胡適寫給韋蓮司最後的一件。

胡適死後

　　1962年2月24日，胡適在中央研究院，院士會議的酒會上，心臟病突發，與世長辭。3月2日，韋蓮司有寄自巴貝多給江冬秀的悼唁。我節譯部分在下面：

　　親愛的胡夫人：

　　多年來，你一直生活在一棵大樹的餘蔭之下；在你年輕的時候，也曾築巢在枝頭。這棵大樹結出了豐碩的果實，哺育了千千萬萬饑餓的心靈；而這些果實將被永久的保存下來。

　　而今，這棵大樹倒下了，對你，正是哀痛的時刻，你必感到大空虛。在這個大空虛裡即將堆起哀悼者的追思和懷念。……

　　我最珍惜的，是對你的友誼的追懷，和對這棵大樹的仰慕。……

江冬秀在接到這封信後，由胡祖望代回了一封信，我也節

譯部分在此：

> 親愛的韋蓮司小姐：
>
> 多謝你給我母親的電報和信，雖然她從未與你直接溝通過，但她極珍惜你們之間的友誼。
>
> 我試著將你的來信譯成中文，但卻無法表達其中的深意。直譯顯得呆板無味，而我過去的訓練也從沒要我作過這樣的事。我勉強向我母親說明了其中部分的意思，但遠不能完全表達你所要說的。也許有一天，我們可以找個詩人來做這件事。
>
> 也許你已經知道了，父親是在中央研究院院士會議之後的一個雞尾酒會中去世的。他死時沒有任何痛苦，從在場的人，我得知，他走的很高興，他的最後一句話是「大家再喝點酒」！就如他處理其他的事一樣，他死時，沒有醫生、護士或秘書在他身旁，所以沒有人可以被責怪是不盡責的。……
>
> 母親頭幾天非常哀慟，哭的很傷心。現在已漸漸平息下來，血壓也差不多恢復了正常。
>
> 我計畫3月16日，星期五回到華盛頓。母親在此將待到下葬以後。此後，她可能來美國短住。
>
> 母親把你送她的銀器給了我，我們會永遠珍惜這份禮物的。母親要我代她向你深致謝忱。

1962年10月1日，韋蓮司在獲知胡適下葬的日子以後，寫了一封信給祖望，她要向這位五十年的老友，表示最後的哀思和紀念：

> 承葉〔良才〕先生好意，寫信告訴我，你父親下葬的日子(12月15日)，並說，你會回台灣。你有這麼多重

要的事需辦，我真不敢再增加你的麻煩。但是我真的
需要你的指點和幫助。我不知道按照〔中國〕的習
俗，在這樣的場合，一個朋友起碼能做些什麼。我單
純的而又自然想做的一件事是奉上一個小小的不顯眼
的獻禮來紀念這五十年的友誼。

這份獻禮也許是十朵小花，每五朵分裝成一束，也許
可以用白色而芬芳的水仙，或類似的花朵。我不知道
台北有什麼花。也許沒有合適的地方放這些小花。若
真是如此，我想捐一筆錢，做為你父親文章英譯和出
版的費用。這件事不必說出去，就簡單的匯入中研院
作為這個用途的基金就行了。

韋蓮司雖然不曾在胡適靈前祭奠過，但她的這份心思和誠意是
可以告慰亡者的了。

　　韋蓮司為胡適所做最後的也是最有意義的一件事，就是整
理胡適寫給她的書信。頭三年的信，胡適在1917年5月4日的留
學日記中，曾特別提到過，可以看出這批材料在胡適研究中的
重要性：

昨在韋女士處見吾兩三年來寄彼之書一大束，借回重
檢讀之，乃如讀小說書，竟不肯放手。此中大率皆
1915與1916兩年之書為多，而尤以1915年之書為最
要。吾此兩年中之思想感情之變遷多具於此百餘書
中，他處決不能得此真我之真相也 3。

我們今天還能有幸看到這批書信，韋蓮司悉心的保存和盡心的

---

3 《胡適留學日記》，頁1137。

整理是功不可沒的。但這些珍貴的史料能回到胡適紀念館，江
冬秀的努力促成，是其主要原因。

　　胡適逝世以後不久，江冬秀透過葉良才和劉大中與韋蓮司
接洽整理胡適書信的事。在一封1964年11月9日韋蓮司寄自巴
貝多寫給葉良才的信中，有如下一段：

> 你上封信和劉大中先生的信都帶來了好消息：史塔先
> 生(Mr. Starr)的捐款，和胡適未出版作品編輯委員會
> 的組成，還有胡夫人提到〔胡適寫給〕我的信。我會
> 再檢查一次這批信件，很快就可以寄上。
>
> 這批資料將包括：
>
> (1)照片和各種不同的柯達快照(有些是你和你核子工
> 程師的兒子照的)。不要的請退還給我。
>
> (2)複印件的清單和各式字條：也許大部分複印件紀
> 念館已經有了，我很願意提供紀念館所缺的材料。

11月15日，韋蓮司在同一封信(分兩天寫完)中提到胡適在1960
年10月16日寫給韋蓮司信中已有整理這批書信的打算。

　　查胡適原信是這樣寫的：

> 我把你分成三組做了複印件的信放在一塊兒，這些信
> 是：
>
> (1)1914-1918共60封
>
> (2)1923-1945計信36封，明信片、電報各若干。
>
> 這些信是我現存信件中，最大的一部分，他們記錄了
> 一個長期的友誼和一個人的發展。
>
> 我會把這些信帶回台北，並好好保管。過些時候我會
> 向你報告，要怎麼處理這些信件。我很後悔1919-

> 1923年之間我沒寫信給你，而1917-1921也沒有日記
> 留下來。那是我最忙的歲月。

細檢現存的信，1919有一封，1923有兩封。從這封信可以看出，1960年胡適去美國參加中美學術合作會議時，已有整理這批信件的計畫。

1964年11月（無日期），韋蓮司又寫了一封件給胡夫人，可以看出她在整理這批信件時的細心和小心：

> 謝謝你願意代做信件複印的好意，但是為了安全起見，我會在此將所有信件複印，原件寄給你，印本留此。原件要在〔聖誕節〕假期郵局忙亂過後，大約1月15日再寄出。

在同一封信中，韋蓮司接著寫道：「當我重讀這些信的時候，我真希望你就在我身邊，而我又能說〔中文〕白話。」並且指出她早在1915年3月就已從照片上見過江冬秀。韋蓮司在照片上寫著：「那個可愛但面帶愁容的姑娘就是和胡適訂過婚的女子」。

韋蓮司指出：「這批信主要談的是思想、公共事務和他（胡適）繁忙的工作和旅行，這些資料希望有助於重構他生命中的一些細節。」

1965年1月22日，韋蓮司寫了一封信給江冬秀，說明在1月份之內，她共寄出信件四包，照片一包。「在我聽到這些包裹安全到達的消息之前，我是不會放心的。」

以上這些引述，大致說明了胡適這批信件整理的經過情形。現在胡適紀念館中所藏，有一部分是手稿照相，另有打字稿，打字稿上有韋蓮司用鉛筆所作細小的改正。最早的一封是

1914年11月2日，最後的一封是1961年4月23日。

1965年初，這批信件陸續寄到，曾上了台灣報紙[4]，並引起一部分人的關切和興趣。江冬秀在一封1月19日寫的回信中，要求韋蓮司寄一份自傳給她。1月27日韋蓮司隨函寄來了一頁手寫的自傳（這頁手稿已在文前譯出）。在信中她很自謙的說道：

> 除了我曾經作為這批信件的收信人以外，我這一生沒有任何重要性，而現在這批信件已經在你（江冬秀）的手中了。我這一輩子，無論在任何情況下，我都保持對思想敏銳的興趣。任何對藝術、科學、國際事務所做誠實的觀察和清晰的思考，我都致以仰慕和欽佩……我的一生是個不斷的冒險。

這一段話一方面有些自謙，但另一方面也說明了這批信件對她一生的意義。一個八十歲的老小姐（韋蓮司生在1885，一生未婚），整理好了伴著她度過了五十年的書信，而今她將這批書信寄給萬里之外寫信人的妻子。這裡頭有半世紀的深情，五十年的寂寞。多少悲、歡、聚、散，都隨著信件的寄出而成為空寂！上引這段話的後半，是韋蓮司對江冬秀所作含蓄的表白，她的仰慕和欽佩是對事不對人的！這裡頭有著刺骨的哀傷！

回顧胡適與韋蓮司五十年的交誼，「容忍遷就」的又何止是胡適一人，韋蓮司和江冬秀所表現出來的體貼和諒解，也絕不是一般人所能做到的。

寫到此處，我對當事的三個人要致以最深的敬意，和無限

---

4 見1965年2月24日《徵信新聞報》。

的悲感。不禁使我想起元好問在《遺山樂府》中的〈摸魚兒〉：

> 問人間，情是何物，直教人死生相許，天南地北雙飛客，老翅幾回寒暑。　　歡樂趣，別離苦，是中更有癡兒女。君應有語，渺萬里層雲，千山暮景，隻影為誰去[5]？

　　1971年2月2日，韋蓮司孤寂的死在巴貝多，享年八十六歲。侄子Gordon Williams在整理遺物時，將有關胡適的書信和稿件寄到了當時中華民國駐巴貝多的領事館，後轉寄胡適紀念館。

---

5 吳庠編，《遺山樂府編年小箋》（香港：中華，1982），頁1。

結　語

　　中國傳統愛情故事的極至表現和最圓滿境界，都體現在「有情人終成眷屬」的這一句話上。「成眷屬」成了中國愛情故事在結局上悲喜劇的最後判斷。從〈孔雀東南飛〉，到《西廂記》，到《三言》中的著名短篇故事，如〈賣油郎獨佔花魁〉，〈杜十娘怒沈百寶箱〉……等，以至於《紅樓夢》無一不是圍繞著這個主題。

　　在這樣傳統下成長起來的男男女女，都有一個根深蒂固的愛情觀：愛情是爲婚姻服務的。愛情只是手段，婚姻才是目的。只要是良家子弟，婚前的任何男女交際，都只是不同程度的「相親」。愛情而不能以婚姻做爲結局則叫做「白搭」、「落空」或「沒有結果」。

　　我不得不指出，這樣的戀愛觀是相當功利而低俗的。戀愛只是爲了談成一樁買賣。但這樣的戀愛觀卻是符合社會道德規範的，任何不爲婚姻服務的愛情，在一定的程度上，是要受到輿論制裁的，並冠之以「姦情」等惡名。

　　韋蓮司與胡適的戀愛故事卻完全不在中國人的這個老套之

中，他們在「有情人終成眷屬」的模式之外，別立了「雖不成
眷屬，而一往情深」的典型。從1937年10月26日韋蓮司寫給胡
適的信中，我們得知，胡適是韋蓮司畢生唯一想嫁的男人，但
她也清楚的知道，這個唯一想嫁的男人，永遠成不了她的丈
夫。然而，這個事實絲毫無礙於她對胡適終其一生的愛慕。

婚姻從不是韋蓮司愛慕胡適的「前提」，而只是一個愛慕
之後自然的結果。這點「前提」和「結果」的不同，最可以看
出韋蓮司不俗的一面。

韋蓮司終身不嫁，就一定的意義來說，是堅持自己對愛情
和婚姻的理想，而不作任何妥協。她寧可孤寂的在巴貝多渡過
她的晚年，也不願和一個自己並不心儀的男人廝守。她與胡適
「雖不成眷屬，而一往情深」的志節。是值得我們深思緬懷
的。

在中國語文裡，「情」字往往與「恩」、「義」兩字並
舉，而有「恩情」與「情義」兩詞。中國男女成了眷屬之後，
年深日久，情漸淡而恩義轉深，成了一個恩義有餘而深情不足
的局面。當然恩義都是好字，並無貶義，但由恩義所引出的一
種取予和負欠的關係也是不容諱言的。許多夫妻往往在所謂
「顧念恩義」的情況下，渡過一輩子，廝守或有之，深情則絕
無。任何一方的消失，對另一方毋寧是一種解脫，這樣的夫妻
關係，並不罕見。在胡適和韋蓮司五十年的交往中，我們只見
深情，而沒有恩義的牽絆。在現有的材料中，我們看不到韋蓮
司有「誤我一生」之類怨嘆，尤其是她晚年善待江冬秀，而在
整理胡適書信上，更是作到了「死而後已」，這樣的深情已遠
超出了恩情或情義的範疇，而達到了「衣帶漸寬終不悔，為伊

消得人憔悴」的境界。在這個境界中的戀人，所做的種種，與其說是為人的，不如說是為己的。在旁人看來，也許是所謂「犧牲」或「付出」，而在當事的本人，則是甘之如飴，不做不快。

戀愛如果只是婚姻的前奏，那麼結婚就是戀愛的完成，往往也就是愛情萎縮和死亡的開始。婚前的朝思暮盼，輾轉反側，到了婚後全被穿衣吃飯所取代。「成眷屬」之日，也往往就是「怨偶」萌櫱之時。在韋蓮司和胡適五十年的交往之中，沒有穿衣吃飯的問題，因此能始終維持著高度的「羅曼蒂克」。雖然聚少離多，共處的時日極有限，但那份憧景和企盼卻終其一生而不少衰。

韋蓮司和胡適五十年深情之所以「不朽」，正在其「不成眷屬」這一點上，若成了眷屬，也無非只是芸芸眾生中的一對夫妻，還有什麼值得我們感懷追思的呢？從這點看，不成眷屬，正是兩人之大幸。切莫為此唏噓低迴。

回看韋蓮司的一生，其實也只有一個「情」字能在時間的流裡，閃爍著悸人的光彩。這光彩所迴映的也許只是初凝眸的一剎那，也許是一次午夜的傾談，一抹共賞的夕陽，山道上的一個黃昏，水邊的一個午後……。她一生忘不了的也無非只是這些點點滴滴，瑣瑣碎碎，又何嘗真有什麼家國之痛，身世之悲呢？

《左傳》裡的「三不朽」，終究不是一般人所能企及的，看了違蓮司與胡適的這段交往之後，我們當在立德、立功、立言之外，另加「立情」一項。

少年十七、八，情熱如火、倏忽來，倏忽去，對情的體會

往往在其強，而不在其深與久。三十以後，此身已非我有，然而此情不死，漸漸有了徐志摩「得之我幸，不得我命」[1]的感慨。追尋的意義已經由得與不得，轉變到了追尋的本身。不停的尋索，成了燈下窗前，最快慰的心靈活動，種種的桎梏，種種的牢籠，終究制不住那顆勇於追尋的心。像一隻鎩羽的蒼鷹，依然有翹首空際的自由，翱翔也許已成過去，但那份企盼卻絲毫不減。這種情，有些殘，也有些慘，但卻也有它的淒美與幽豔。

　　老年人對「情」字銘心刻骨的體會，絕非少年人所獨有。少年的情如火，如朝暉，如火山之噴湧；老年人之情如泉，如夕嵐，如寒夜之星輝。強度也許減了，卻更見其深與久。胡適與韋蓮司的這段情，也使我想起魯迅《野草》中的「死火」，層冰之中有一團烈火，這團火死而不死。

　　羅素（Bertrand Russell）認為：一種理想的生活是以愛情來生發，而以知識來引導的（The good life is one inspired by love and guided by knowledge）[2]。所以在他自傳的首頁，說到他的一生有三種極強烈而無法扼抑的感情：對愛情的渴望，對知識的追求，以及對苦難眾生的悲憫。他說：愛情曾帶給他一種若狂的喜悅，他往往願意付出餘生，來換取數小時這樣的歡愉。愛情也減輕了寂寞所帶給他無量的悲苦，在黑闇的寂寞深淵

---

1 參看，胡適，〈追悼志摩〉，收入，蔣復璁、梁實秋主編，《徐志摩全集》（台北：傳記文學出版社，1980，共六冊），冊1，頁362。

2 Betrand Russell, "What I Believe", in *Why I Am Not A Christian* (New York: George Allen & Unwin Ltd., 1957), p. 56.

裡，唯有愛情能讓他看到彼岸。也唯有在愛情的世界裡，才能
看到聖者與詩人共同描繪的天堂[3]。

這番話，對一個不曾戀愛過的人來說，也許覺得誇大了愛
情的魔力。但只要有過「衣帶漸寬終不悔」的經驗，就知道羅
素的這番話，正是心中喉頭欲吐而說不出的那點情。

當然，情也帶給人以極大的磨難。相思的苦楚，失戀的悲
痛，無一不是錐心刺骨，畢生難忘。戀愛在一定的程度上是否
定自我，將自我連根拔起，移植到對象的身上，我的存在，完
全成了對象的附庸。相思最深的時候，一個人何嘗還想到過自
己。然而，只要真正戀愛過的人是絲毫不會為這些磨難而對愛
情有任何遲疑的[4]。

違蓮司的一生是在等待中渡過，也是在戀愛中渡過。說她
不幸，固可；說她大幸，又何嘗不可？

---

3 Bertrand Russell, *The Autobiography of Bertrand Russell*, Vol 1, 1872-
1914,（Boston: Little Brown and Company, 1951), pp.〔3〕-〔4〕。

4 參看，周質平（希教），〈問情為何物〉，《中國時報，人間》
（1986年8月6日）

附　錄

胡適的暗澹歲月

前　言

　　胡適(1891-1962)一輩子之中所不缺的是掌聲喝彩，批判
撻伐。無論贊成他也好，反對他也好，他的存在卻是不容任何
人忽略的事實。套句胡適常引的《象山學案》中的話就是：
「天地間有個胡適之，便添得些子，無了後，便減得些子。」[1]
因此跟胡適一生最扯不上關係的就是「暗澹」這兩個字。

　　然而，他的一生也確有過一段暗澹的歲月。在那段日子
裡，天地間多了個胡適，少了個胡適，似乎並不曾增減什麼，
正因為胡適有過這一段生活，我們才能從一個不同的境遇來觀

1　《象山學案》中的原文是：「且道天地間有個朱元晦、陸子靜，
　　便添得些子，無了後便減得些子？」原是一句反問，但胡適在趙
　　家璧主編《中國新文學大系》(上海：良友，1935，共十冊)，
　　《建設理論集》的〈導論〉(頁17)中引用時，卻作肯定句。參看
　　繆天綬選註，《宋元學案》(台北：商務，1988，頁354)。

察胡適，在光華散盡之後，看他如何寂寂度日。當然，我們也可以從胡適的境遇中，來推想五十年代海外中國知識分子，尤其是從事文史研究的學者，所面臨的考驗和困境。

葛思德圖書館

胡適是1949年4月6日從上海坐船赴美的，到1958年4月8日取道東京回到台北，出任中央研究院院長，其間整整九年。在這段期間除偶而回台開會演講以外，胡適住在紐約東81街104號的一個公寓裡。在這九年時間裡，唯一比較正式而有固定收入的工作是1950年7月1日起聘，到1952年6月30日終止的普林斯頓大學葛思德東方圖書館館長一職（Curator, The Gest Oriental Library, Princeton University）[2]。

目前海峽兩岸所出胡適傳記與年譜已不下十種，而有關胡適生平的文章更是多不勝數，但有關胡適在葛思德圖書館工作的一段經歷，卻少有人道及。一則因為這個工作在胡適一生之中實在無關緊要；再則因為有關材料大多是英文的，而且未經發表。我若不是在普大教書，也是沒有機會看到這些一手資料的。

這些資料，許多是人事行政上例行的公文，但卻最能反映

---

2 胡適職位的正式名稱是：Fellow of the University Library, Curator of the Gest Oriental Library with Rank of Professor。見胡適，《胡適給趙元任的信》（台北：萌芽出版社，1970），頁36。及1950-51《普林斯頓大學，教職員姓名錄》。

胡適五十年代初期在美國的境遇：一個管領中國近代學術風騷數十年的宗師碩儒，也一樣要填工作申請表，一樣要接受別人的考核，一樣要面對停職的命運！但另一方面，我們又可以從許多細微末節之中，看胡適如何在顛沛困頓之中不降格、不辱志、不消沉、不喪氣，維持他獨立的人格。

胡適最早跟葛思德圖書館發生關係是在1943到1946年。這時他大使卸任，住在紐約，正在從事《水經注》研究。據他自己在〈我早期與葛思德東方圖書館的關係〉(My Early Associations with the Gest Oriental Library)的英文文章中說：在這三年期間，他經常向美國國會圖書館、哥倫比亞大學圖書館、哈佛大學圖書館及葛思德東方圖書館借閱有關《水經注》方面的書。當時，葛思德圖書館的負責人南西‧李‧史溫(Nancy Lee-Swann)曾給胡適許多借書的方便，讓他將館中的一些珍本書借回紐約寓所，作長期的校閱。胡適在1944年非常驚訝的發現，葛思德圖書館藏有二十冊趙一清的《水經注釋》手抄本。這套書據胡適判斷是世界上唯一的直接從手稿本抄錄下來的。這套書為胡適解決了不少《水經注》的問題[3]。

葛思德圖書館另收有乾隆詩的全集共四百五十四卷，四萬兩千多首。據胡適在1954出版的〈普林斯頓大學葛思德東方圖書館〉一篇介紹性的英文文章中說：由於乾隆詩寫的太差，中

---

[3] 胡適，〈我早期與葛思德東圖書館的關係〉一文發表在1951年6月1日出版，第六期的 The Green Pyne Leafs，頁1-3。這並不是一本正式的刊物，僅流通於普大校園中，胡適的手稿收入《近代名人手跡》（台北：文星，1964），頁77-91。

國的編目者和美國的圖書館都不屑收藏，唯獨葛思德圖書館收了這部卷帙繁多的詩集，爲他審校《水經注》，提供了不少資料，因此他特別在這篇文章的結尾，衷心的（hearty thanks）感謝了葛思德藏書的實際收集者吉理士Gillis（died 1948）[4]。

從以上這一簡單的敘述，可以看出：胡適最早與葛思德圖書館發生關係，主要是爲了他的《水經注》研究，在1950年胡適接任館長這一職務時，他對這一批藏書的內容已經相當熟悉了。在一封給趙元任的信裡，胡適說葛思德圖書館是一個「古董書庫，於我應該有用。」[5]胡適接受這個工作，除了經濟上的考慮以外，多少也想利用這些圖書來繼續他的研究。

在普林斯頓教職員的檔案中，我找到了胡適當年在葛思德圖書館工作時的個人資料（Faculty Biographical Records）（見附件），這份表格是胡適親筆填寫的，填寫的日期是1950年10月11日。在「學位」欄內，胡適填的是：

學士，康奈爾大學，1914。

博士，哥倫比亞大學，1917。

包括普林斯頓大學在內的32個榮譽學位。

在「經歷」Professional Record 欄內，填的是：

中國哲學教授，北京大學，1917-37。

文學院長，北京大學，1932-37。

---

4 胡適，"The Gest Oriental Library at Princeton University," *The Princeton University Library Chronicle*, Vol XV（Spring, 1954）, p. 141.

5 《胡適給趙元任的信》，頁41。

Date *Oct 11, 1950*

Princeton University
FACULTY BIOGRAPHICAL RECORDS
Office of the Secretary

Name in Full: *HU, SHIH*

Date of Birth: *Dec. 17 1891* Place of Birth: *Shanghai, China*
MONTH   DAY   YEAR

Father's Name in Full: *Hu-Chuan*

Mother's Maiden Name in Full: *Feng*

Married? *Yes* Wife's Maiden Name: *Kiang Tung-hsiu* Year of Marriage *1917*

Full Names of Children and Dates of Birth: *Hu Tsu-Wang 1919*
Hu Ssu-Tu 1921

Degrees:

A.B.	*Cornell U.*	*1914*
DEGREE	INSTITUTION	YEAR
Ph.D.	*Columbia U.*	*1917*
Honorary degrees from 32 universities including Princeton		

Professional Record: (Please give chronologically all academic appointments, including graduate or post-doctoral fellowships; also professional appointments in industry, business, government, etc.)

Professor of Chinese Philosophy, Peking Univ. 1917-37
INSTITUTION   POSITION   YEARS
Dean of College of Letters " " 1932-37
President " " " " 1946-40

War Record.

*Wartime Ambassador from China to the United States
(1938-1942.)*

Membership in Professional Associations, Learned and Technical Societies, etc (Please indicate offices held)

*American Philosophical Society (Phila.), American Institute of Art
& Letters (N.Y.C.) Prussian Academy of Science (1934)
Academia Sinica, etc.*

Principal Publications:

*History of Chinese Philosophy (Chinese)
Collected Essays (4 series, 14 volumes)*

Fields of Special Research Interest: *History of Chinese Thought.*

Honors and Awards (including Phi Beta Kappa and Sigma Xi):

Phi Beta Kappa

Residence Address *104 E. 81 Street (New York)* Office Address: *Gest Library*

　　校長，北京大學，1946-49。

另有「戰時紀錄」War Record一欄，從筆跡和墨色看來，似是別人代填的，填的是：

　　中國駐美戰時(1938-42)大使。

　　這張表所引起我注意的倒不是胡適赫赫的學歷和經歷，而是填寫的日期。胡適是1950年7月1日正式起聘的，這份資料是10月11日才填好的，從時間上來看，這可以解釋爲一定的禮遇，因一般人都是在申請工作時即需填個人資料表，胡適卻晚填了三個多月。

　　但在另一批有關胡適工作的來往公函中，我又發現當時普大總圖書館副館長Lawrence Heyl, Associate Librarian在7月24日與8月15日兩次寫信給館長Julian P. Boyd, University Librarian告以胡適薪水支票發不出，因爲胡適沒將「表格」form 交進來。我們無從知道這份表格是否就是「教員生平資料」，不過，這是很有可能的。

　　我們從館長秘書1950年8月15日發給胡適的一封信中，還能看出胡適當時大概極需錢用，而又收不到支票，秘書寫信去解釋。我將此函譯成中文，備作胡適傳記的一份史料：

　　1950年8月15日

　　胡適博士

　　104號東81街

　　紐約

　　親愛的胡博士：

　　Boyd和Heyl先生都不在圖書館，我擅自寫信給您，請你儘快將附上的表格填好寄還給我。

據我的了解，這些表格必須填好，存入大學檔案以後，才能把支票寄給你。要是你能填好這些表格，不要摺疊，放入回郵的信封，在下星期一以前讓我收到，你的支票就差不多可以立即發出。只要這些表格都入檔了，你的薪水支票會在每個月底定期的寄給你。

Boyd先生的秘書謹啓

從這幾封來往的函件中，我們又看到胡適絲毫沒有受到任何特殊的待遇。

1951年12月13日，普大總圖書館代理館長Maurice Kelly寫了一份備忘錄給Keyl先生，記的是12月11日下午三時半在DeLong廳舉行的一次討論葛思德圖書館的會議。其中第四點提到胡適館長一職去留的問題，當時學校為了節省開支，有意擢升胡適的助手童世綱為館長，並在1952年終止胡適聘約。

與此同時，社會學系研究中國問題的一位年輕副教授李馬援（Marion Levy）還寫了一份兩頁的報告，對胡適的貢獻與葛思德圖書館藏書的價值作了讚揚和說明。報告的首段是這麼說的：

自從胡教授答應用他一部分的時間來為葛思德圖書館做些督導（supervision）的工作以來，他對這個圖書館所做的貢獻是無法估量的。

李馬援接著敘述了胡適的貢獻，其中包括：

一、找到了童世綱來做胡的助手，童是一位能幹的圖書館員。

二、胡與童檢視了全館藏書，胡為此寫了一個詳細的

報告，說明藏書之價值，及功用。

三、胡與童為本館建立了一個新的分類系統，這個系統遠勝於原來的分類。

四、在胡適的督導下，童世綱對全館近十萬冊的書重新整理和安排，使一般人都能使用這批藏書。

五、在胡教授的督導下，全館進行了清理和重新安排的工作。

六、胡適與童世綱用葛思德圖書館的材料，舉辦了一次小型展覽[6]。

七、胡教授總是極樂意協助他的同事，並花了許多精力來教導那些不如他那麼博學的同事。

在結論中，李馬援指出：「以葛斯德圖書館委員會委員的身分，我覺得普林斯頓大學深深的受惠於胡教授。」

這樣一篇極力讚揚的報告，並沒有改變終止胡適兩年聘約的計畫。1952年2月1日，代理總圖書館館長（Maurice Kelly, Acting Librarian）又寫了一份備忘錄給校長Harold Dodds，建議胡適年薪5200元的聘約在1952年終止，由年薪3480元的童世綱接任。

校長在看了這份備忘錄之後，顯然同意了代理總館長的建議。但同時對如何向胡適措詞這一點，覺得大費周章。最後決定由代理總館長為校長代擬一封給胡適的信，說明：學校由於經濟困難，無法續聘胡為館長。在一封1952年2月21日Kelly寫

---

6 這次展覽為期兩個月，從1952年2月20日到4月20日，題目是「一千一百年的中國印刷」（Eleven Centuries of Chinese Printing）。

給Dodds校長的信中有如下一段：

> 附上你要我草擬給胡適博士的信……在信中，我用了
> 相當華麗的詞藻〔來描述他的成績〕，這是我和
> Ralph Powell [7] 商量的結果，Powell深通東方禮節的微
> 妙。中國的禮節必須做到在這封信的措詞上，不能有
> 任何蛛絲馬跡能被解釋為「解聘」。
>
> Chinese courtesy demands that there should be nothing in
> the letter that would allow it to be even remotely
> interpreted as a dismissal.

由校長具名寫給胡適的信，措詞極為客氣。在信中又重述李馬
援在報告中所提到的幾點成績。但同時指出：「我深感遺憾，
學校的財政情形使我無法再請你擔任館長一職。」

到了1952年4月，校長和總圖書館的幾位行政人員終於想
出了一個讓雙方都能保全面子的辦法：請胡適做為終身的榮譽
館長。

但這個辦法也並非十全十美，在一封1952年4月22日的信
中，代理總館長專為了請胡適做榮譽館長的事，寫了一封信給
當時的校長助理（Assistant to the President）Arthur Fox表示了他
的顧慮：

> 附上Dodds校長已批准胡博士擔任葛思德東方圖書館
> 榮譽館長一職的邀請函的草稿。
>
> Ralph Powell與我並未提到榮譽館長是不支薪的。我
> 們覺得不宜在邀請函中提到此事。我們估計，胡博

---

7 Ralph Powell是當時歷史系的一個講師。

士，一個對西方學術慣例深有所知的人，了解榮譽職
位是不支薪的。然而，我們還是要Dodds校長考慮，
到底要不要把「不支薪」這一點加上去。

從這些公文往返中，我們可以看出：普林斯頓在處理胡適去留
問題時是頗費了一番心思的。一方面要終止他的聘約；一方面
又要顧全他的情緒和面子。榮譽館長只不過是兼顧這兩項考慮
的權宜之計。

看完這些四十多年前的公文，我真忍不住掩卷嘆息：中國
的白話文運動之父，新文化運動的領袖，32個榮譽博士學位的
獲得者，在六十一歲的晚年，居然還要讓幾個大學圖書館的職
員和官僚擔心他到底知不知道榮譽職位是不支薪的慣例！

胡適在接到這封邀請函之後，在1952年5月1日給Dodds校
長回了一封信。這封信從未發表過，我將它譯為中文，附錄於
此：

親愛的Dodds校長：

我非常感謝你4月28日寫那封情詞懇切的信給我，在
信中你代為表達了Kelly、Heyl和Rice諸位先生的問候
之意。此外，你也希望我能接受葛思德東方圖書館榮
譽館長之職位。

我為葛思德圖書館所做微不足道的一些工作——真是
太少了——，你們卻用這樣熱情的方式來表示感謝，
這讓我非常感動。

我已經打了電話給Kelly先生，告訴他我對他，Heyl先
生和Rice先生的謝意。

我以誠懇感激的心情來接受你的邀請。誠如我在最近

一封信中告訴你,我將繼續為葛思德圖書館及普林斯
大學略盡綿力。

胡適

1952年5月1日

胡適這個榮譽館長的職位一直維持到1962年逝世為止。在
葛思德圖書館的善本室裡還掛著胡適的照片,書架上還擺著幾
本胡適手贈的著作,除了這些,我們已經看不到胡適曾經在此
工作兩年的痕跡了。

要看胡適和葛斯德圖書館的關係,還得到他的英文著作、
日記和書信中去找。1950年10月16、17兩日日記,記葛斯德圖
書館藏書,其中特別提到《磧砂藏》及有關中國醫學的藏書,
他很感慨的說:

Gest Library有醫書五百多種,也甚可寶貴。此等書將
來都會散失了。也許我們將來還得到海外來做影片回
去收藏參考呢[8]!

這兩頁日記多少了體現了胡適在海外看到中國典籍時的一點
「悲喜」。也說明了葛思德圖書館藏書的特色。

1951年11月19日,胡適在給楊聯陞一封討論范縝〈神滅
論〉論學的信中,也提到過葛斯德圖書館,並可以從中看出胡
適對館藏圖書之熟悉。信上說:

我很盼望你同觀勝兄能到Princeton來玩一天,看看我
們的古董。其中佛藏有《磧砂藏》南宋刻本及元刻

8　胡適,《胡適的日記》手稿本(台北:遠流出版社,1990),共十
　　八冊,冊16,無頁碼。

本，有明《南藏》配本，有明萬曆末期影鈔《磧砂
藏》本。另有明《北藏》二千幾百本。另有明清刻經
殘本不少。故以刻佛經一門來說，Gest Library（葛斯
德圖書館）確有「八百年佛經雕刻史」的資料[9]。

胡適藉著整理葛斯德圖書館藏書的便利，無時無刻不在注意並
收集有用的史料，這種不間斷的研究，從他這段時間和朋友們
論學的信中最容易看出。

1950年11月17日，普大派人帶了一位京都大學的教授也是
京都大學圖書館的館長泉井久之助來參觀葛斯德圖書館的藏
書，遇見胡適，大驚訝。胡適在當天的日記上，有如下一段：

我陪他約略看了Gest的藏書，後來才對他說我認識京
都大學的一些人，他問我的名字，大驚訝，說，他少
年時就聽說我的姓名了，不意在此相會。他說起他是
吉川幸次郎的朋友，曾讀吉川譯的我的著作兩種（其
一為《四十自述》，其一為選錄）。

學校的人來催他走，他不肯走，一定要和我長談。我
把住址給他，請他到紐約看我，他才走了。

兩天以後（11月19日），胡適在日記上有「日本學者泉井久之助
來長談，他很高興。」一條[10]。

---

9 《胡適之給楊聯陞的信，1943-1958》，楊聯陞藏。承余英時先
   生借閱。下引胡適給楊聯陞的信，同此。這批信件，已於1998年
   3月由台北聯經出版，《論學談詩二十年：胡適楊聯陞來往書
   札》，各函可按年月日覆按。

10 胡適，《胡適的日記》手稿本（台北：遠流出版社，1990），共十
   八冊，冊16，無頁碼。

從這兩條日記中，我們可以看出，當時以胡適在學術界之地位而屈就一個小圖書館的館長，連日本人都不免「大驚訝」。而我卻從未看到胡適有過任何憤懣或牢騷的文字。

胡適離開普林斯頓一年半以後，用英文為《普林斯大學圖書館年刊》寫了一篇三十頁的長文，介紹葛斯德圖書館。這篇文章後來編印成單行本，專門用作介紹該館之用，延用至今[11]。在1954年6月1日給楊聯陞的信中，胡適提到了這篇文章：

> 今年正月百忙中，我為Princeton Library Chronicle寫了一篇長文，敘述Gest Library的歷史與內容，約有三十頁之多。因為是為外國人寫的，故不能細說明版各書的內容，但我特別指出Commarder Gillis用他海軍intelligence officer（情報官）的訓練來鑒別中國版本，其故事頗有趣味。

何炳棣在1993年發表的〈胡適之先生雜憶〉中，有如下一段紀錄，不但可以看出胡適在窮乏時如何立身處事，也可以看出他如何處理他的藏書，以及他對葛斯德圖書館的一份情誼：

> 我唯一的一次在紐約胡府吃飯是1952年6月5日。那時我已完成哥大英國史的博士論文，已在加拿大英屬哥倫比亞大學教了四年書，並且已經得到溫古華僑領們的允諾，秋間可以完成五千元籌購中文圖書的捐款。我拜望胡先生主要的目的是洽購他私藏的全部偽滿原

---

11 胡適, "The Gest Oriental Library at Princeton University," *The Princeton University Library Chronicle*, Vol XV（Spring, 1954）, p. 141.

本《清實錄》。由於早就知道他老人家經濟狀況並不
寬裕，從我的立場總以相當超過當時市價買進為快。
不料胡先生卻極堅定地說他已決定把它贈送給普林斯
敦大學的遠東圖書館了 [12]。

1952年6月正是胡適離開葛斯德圖書館的時候，而何炳棣
則正是新科哥大博士，又受「僑領」之託，外出購書。何之擬
購胡適藏書，從上引的那段文字可以看出，也多少帶了一點
「接濟」的意味。不料卻受到胡適一口的回絕，並決定將書贈
送給葛斯德圖書館。我相信何炳棣當時除了驚訝之外，也不免
有些受窘。

這套何炳棣想為英屬哥倫比亞大學收購的《清實錄》共一
千二百二十卷，分裝一百二十盒，胡適在1953年5月4日送給了
普大，並有信給當時普大圖書館館長威廉・狄克斯（William S.
Dix)和副館長勞倫斯・海爾（Lawrence Heyl) [13]。這封贈書的信
是請童世綱轉交的。胡適還為贈書的事特別交待童：

> 贈書的信寫好了，現寄上。請你看了之後，將原本交
> 給館長，副本留存你的File裡。……我不願意因此事

---

12 何炳棣，〈讀史閱世六十年——胡適之先生雜憶〉，《歷史月
刊》第70期（台北，1993），頁69。

13 參看，莊申，〈記普林斯頓大學葛斯特東方圖書館追悼胡適之先
生著作展覽會及其相關之史料〉，《大陸雜誌》24卷，10期。收
入《大陸雜誌語文叢書》，第一輯，第四冊，頁173-174。莊文
和胡頌平，《胡適之先生年譜長編初稿》第六冊，頁2338，都將
副館長的姓誤拼為Heyel。

　　得著Publicity，故能避免宣傳最好[14]。

據莊申在〈記普林斯頓大學葛斯特東方圖書館追悼胡適之先生
著作展覽會及其相關之史料〉一文中指出：胡適捐贈給葛斯德
圖書館的書，「前後不下十數種」。胡適給葛斯德圖書館最後
的一次贈書是1961年在台北重印的《乾隆甲戌脂硯齋重評石頭
記》。這已經是胡適離開葛斯德圖書館九年以後的事了。爲了
這部書，胡適還特別對當年9月由台來普大學習中國藝術史的
莊申說：

> 到校以後，問問童先生，我送給他們的一部《脂硯
> 齋》收到了沒有？要沒收到，趕快來信，因為這書印
> 得不多，將來會找不到了[15]。

胡適在去世之前半年，還以葛思德圖書館曾否收到《脂硯齋重
評石頭記》爲念。這很可以說明這個海外中文圖書館在他心目
中的地位了。

　　當然，與其將這種贈書的情誼解釋爲一種個人的感情，不
如將此視爲胡適對學術資料的保存和流通始終保持著高度的關
切，這種關懷絕不因客觀環境之暗澹蕭條而有任何減損。正因
爲時局之動盪不安，更讓胡適感到保存史料和古籍的緊迫需
要，在1953年3月8日寫給楊聯陞的一封長信中，可以看到他如
何爲此事籌劃並奔走募款：

14　此函手稿影印收入《近代學人手跡》二集(台北：考正出版社，
　　1971)，頁58。

15　參看：莊申，〈記普林斯頓大學葛斯特東方圖書館追悼胡適之先
　　生著作展覽會及其相關之史料〉，《大陸雜誌》24卷10期。收入
　　《大陸雜誌語文叢書》第一輯，第四冊，頁174。

2月7日的信，匆匆未即答覆，因為信裡提到縮照在台善本書的事，要等我到華府與國會圖書館商量之後，我才可以答覆你。

我此次在台，曾向故宮、中央兩個博物院的「共同理事會」（我是一個理事）以書面擬議請將全台所存善本孤本書及史料都縮照Microfilm，分存國內外，以防危險。（火、白蟻、地震、轟炸）去年12月27日的理事會通過我的提議，指定王雲五、程天放、朱家驊、羅家倫、錢思亮、陳雪屏、董作賓、胡適為「攝印史籍小組委員會」，計畫此事。這個小組委員會於今年1月8日在台大開會，決議：「選擇故宮、中圖、台大、史語所、省圖，國史館六機關所藏善本及史料，預計以一千二百萬為標準，攝製小型影片，以便分地保存。即請胡適理事向美國有關方面接洽籌款，購買機械器材，並派技術人員來台攝照。一俟籌募款項有著，即在台灣組織委員會，進行實際工作。」

接著胡適說明了台灣各圖書館所藏「史料」和「善本書」的大略頁數和經費的估算，以及他和國會圖書館洽談的經過。最後，他希望哈佛燕京學社能獨力負擔起這份工作來。他相信做這件事「功德不可計量」。

從這封長信中，我們可以看出：五十年代初期，胡適在海外為了保存中國史料和典籍所做出的努力。早在1942年，他就請國會圖書館縮照過北平圖書館善本書甲庫的全部，計善本書二千八百部，照成了一千零七十捲。

唐德剛先生在他的大作《胡適雜憶》中，把五十年代的胡

適寫得「灰溜溜」的，體現了一定的「窮愁潦倒」，這固然是事實，但「灰溜溜」的胡適依舊有他的使命。維護中國的史料，保存中國的古籍，成了胡適此時生活中，重要的關注。

胡適與普林斯頓大學葛思德圖書館的這段因緣，必須從這個角度來探討，才能顯出它的歷史意義。

自從五四以來，反對胡適的人處心積慮的要把胡適描畫成一個破壞祖國文化遺產的罪魁禍首，上述的這段史實，是對類似的誣告，最有力的駁正。

胡適在這段時期，除了關注保存古籍以外，也非常注意培養年輕學者。此時，他已清楚的感到，自己已老，而學術的延續和發揚，除了圖書典籍以外，人才的訓練培養也是刻不容緩的事。他在1954年6月1日寫給楊聯陞的信中，特別提到培養人才的事：

> 中國文史界的老一輩人，都太老了，正需要一點新生力量。老輩行將退伍，他們需要兩事：(1)要多訓練好學生為繼起之人，(2)要有中年少年的健者起來批評整理已有的成績，使這些成績達到 generally accepted（可以為一般所接受）的境界。」

1959年11月5日胡適在給趙元任的信中，勸他退休以後，「回到南港來住，把史語所的語言組光大起來，訓練出幾個後起的人來。」並引了李塨「交友以自大其身，求士以求此身之不朽」兩句話來鼓勵趙元任多收幾個「徒弟」[16]。

---

16 《胡適給趙元任的信》，頁165-166。

　　1950年代，胡適所刻意協助的一位學者是史學家勞榦，他曾為勞榦來美訪問研究，多次與楊聯陞書信往返，籌措經費。我且引1954年5月19日一函做為例子：

　　　　勞貞一（勞榦）的再留一年，我很盼望能成功。
　　　　當初我頗盼望哈燕學社能資助他一年，我好像記得你
　　　　說過「不是完全無望」的話。
　　　　今天我要問你這幾點：
　　　　(1)是否哈佛方面，或你曾為他想法的方面，都已絕
　　　　望了？
　　　　(2)如已絕望，我們只能請清華基金資助他再留一年
　　　　或十個月，其條件約與中基會相同，每月一百四十五
　　　　元，由中基會保留他回國旅費（七百元）。如你贊同此
　　　　意，可否請你為貞一寫一封切實的信給梅校長，推荐
　　　　此事？
　　　　(3)可否由你與貞一兄相商，擬定他再留一年的研究
　　　　題，並由你與哈佛的 Far Eastern or 中日 Division or
　　　　Harvard-Yenching Institute接洽，請他們也出一函件，
　　　　聲明願意給貞一兄一切便利。使他可以繼續研究？若
　　　　有這兩件，梅校長大概可以考慮。（清華與台大合作
　　　　的計畫的一部分是資送台大教授來美研究。）
　　　　我是清華獎學金的委員之一，故頗盼望你能幫助勞
　　　　君，不必由我出名。我今天已同月涵先生談過此事，
　　　　故敢寫此信。

從這一封設想周到、情詞懇切的信裡，最可以看出胡適培養後進的苦心。

　　寫到此處，不禁使我想起胡適在1947年9月所發表的〈爭取學術獨立的十年計畫〉。他似乎總是在政局最危殆不安的時刻，努力做一些看來最緩不濟急的事，而且讓自己潛心在一個與時局全不相關的學術問題上，他之治《水經注》，保存古籍，培養後進，都是屬於這類工作。

　　政局之易手，政治人物之更替，在當時也許是一時大事，但也都不免是過眼雲煙。只有學術的傳承卻是名山大業。胡適所爭的是「千秋」，不是「朝夕」！

維持學術紀律

　　歲月是暗澹的，但胡適並不消沈。

　　儘管客觀的環境是如此艱難蕭條，胡適並沒有停止他的戰鬥。從他1951年所寫的兩篇英文書評之中，我們可以看出：他不但不消極喪氣，而且還鬥志昂揚。在一定的程度上，他甚至還以漢學界的警察自命。為了維持漢學界起碼的學術紀律，而不惜撕破當時美國自認為「中國通」的假面。

　　1951年胡適所寫的兩篇書評，一篇是評約翰・德・法蘭西斯（John De Francis）的《中國的民族主義與語文改革》（*Nationalism and Language Reform in China*）；另一篇則是評羅伯特・培恩（Robert Payne）的《毛澤東：紅色中國的統治者》（*Mao Tse-tung: Ruler of Red China*）分別發表在當年七月號的《美國歷史評論》（*American Historical Review*）和《自由人》（*Freeman*）雜誌上。在這兩篇書評裡，我們看到了胡適少有的嚴厲的批評，對書中的錯誤，做了毫不留情的指責。他指出

《中國的民族主義與語文改革》一書是：

> 一個對政治有偏見，對歷史，尤其是文學史，一無所
> 知的人所寫的有關語言和歷史問題的一些討論。〔作
> 者〕的偏見和無知讓他真的相信：語文改革運動和中
> 國的民族主義運動「緊密的聯繫在一起」。他甚至於
> 認真的指出：中國的共產黨是民族主義運動的一部
> 分。他似乎對一個不容否認的事實完全無知：在中國
> 所有的語文改革，無論是白話文運動也好，提倡拼音
> 也好，毫無例外的都是由國際主義者（包括無政府主
> 義和共產主義的運動）來領導。並一致的受到民族主
> 義者（包括國民黨）的反對 [17]。

在這篇書評裡，胡適指出：「在國民黨當政的二十年中，白話
文運動，至多不過受到形式上的承認。甚至於革命的領袖，中
華民國的創立者孫逸仙博士也說文言文比白話文更高明，更優
雅。」[18]

胡適提出這一點，一方面是要說明John De Francis的無知
——竟不知民族主義者在語文改革上總是居於反對的地位；另
一方面，也是舊話重提，說明國民黨在新文化運動中的反動本
質。

In short, this book is a discussion of a linguistic and

---

17 Hu Shih, review on "*Nationalism and Language Reform in China,*" by
John De Francis, (Princeton: Princeton University, 1950), in *American
Historical Review* (Vol. LVI No. 4, July, 1951), p. 899.

18 同上。

historical problem by a man who is prejudiced in his political science and ignorant of history, especially of the history of Chinese Literature. So biased and ignorant is he that he actually seriously believes that the language reform movement has been "tied in closely" with the nationalist movement in China (pp. viii and 219-20), and he actually seriously identifies the Chinese Communists as a part of the nationalist movement. He seems to be completely unaware of the undeniable fact that all language reform in China, whether in the form of the *paihua* movement or in the form of advocating any of the phonetic systems of alphabetization, has invariably been led by internationalists(including the Anarchist and Communist movements)and has invariably been opposed by the nationalists(including the Kuomintang or the Nationalist party, against which my open complaint has always been that the *paihua* movement has received no more than nominal recognition during the two decades of its political power). Even Dr. Sun Yat-sen, the leader of the revolution and founder of the Chinese Republic, actually wrote that the classical language was superior to, and far more beautiful than, the vernacular *paihua*.

胡適在書評中同時指出：書中有四、五處將「胡愈之」誤以為是「胡適之」。在1951年1月22日和27日的日記裡，也分

別提到這件事，並說「這樣粗心的人，鬧這樣大的笑話。」[19]

在美國寫學術著作的書評，是一件真正吃力而不討好的事，既沒有稿酬，也沒有廣大的讀者。胡適這樣直言不諱的指出一個美國學者的錯誤，表明他不容許歷史事實受到歪曲，這也就是我所說的使命感。

在胡適所寫的評論中，大概以1951年為培恩Robert Payne的《毛澤東——紅色中國的統治者》所寫的書評最為嚴厲，最不假詞色，最不留情面。

在胡適生命最暗澹的一段時期，他依然不能沉默的讓一些「既無語言訓練，又無研究方法」的所謂「中國通」借學術研究之名，來達到政治上或經濟上的目的。在這篇三頁半長的書評中，胡適沒有說一句客套的話，他首先指出：「任何作者如果試圖寫一本毛澤東的全傳，卻又沒有耐心或訓練來研讀毛大量的演說和文章，這是註定要失敗的。」

接著胡適指出培恩(Robert Payne)如何在極有限的研究上來襲用史諾(Edgar Snow)《紅星照耀中國》(*Red Star over China*)中若干有關毛澤東自傳的材料來堆砌鋪陳出一本書來。胡適毫不客氣的一再用「離奇」(absurd)、「荒唐」(ridiculous)、「怪誕」(craze)、「胡說八道」(nonsense)這類字眼痛評作者的無知和捏造歷史(fabrication of history)，有時胡適也會尖刻的說這是「極高明的想像敘述」(a wonderful imaginative account)。

---

19 《胡適的日記》第17冊。

　　培恩（Robert Payne）說到毛澤東的書法有如下一段，胡適認爲這是「全然胡說中，最有滋味的一個片段」（most delicious specimen of sheer nounsense），我且將它翻譯在下面，可以對五十年代的一些所謂「中國通」有進一步的瞭解：

> 即使他〔毛〕的簽字也是龍飛鳳舞，展現了草書狂野的優美和韻律，他簽字的線條暗合於他在第三次大會戰地圖上所畫蛇形的曲線，想來這並不是巧合。他的簽字是以唐代〔書法的〕模式為基底，動如流水；蔣介石的簽字則是學漢代的碑帖，方方正正，蹲踞如癩蝦蟆。一個中國人，只要一比較這兩個人的簽字，就能知道誰會征服誰。
>
> Even his〔Mao's〕signature dances, the characters having a wild, curving ebullience, and perhaps it is no accident that part of his signature closely resembles the serpentine curve shown in the map of the Third Annihilation Campaign. His signature, based on T'ang dynasty models, flows like water; Chiang Kai-shek's signature, based on the classic Han dynasty script, is squat and square like a toad. A Chinese, comparing their signatures, would know which would conquer the other.（p. 236）

胡適指出上述這種「空洞的填塞」（empty padding）比起這本傳記中成百的捏造史實的例子來，雖然是無大害的，卻是「對讀者知識高度的汙辱」（highly insulting to the intelligence of the reader）。

　　胡適總結全書的評論是：

> 培恩先生的《毛澤東傳》是一本無知而不負責任的
> 書。培恩先生對中國語言和歷史的無知真是驚人的；
> 可是更糟的是他強不知以為知。

在結論中，胡適說：

> 培恩書中最令人厭惡的是：他完全無視於寫作傳記
> 時，在知識上和歷史上的責任感。傳記必須是真實歷
> 史的一部分[20]。

看了這兩篇書評，使我想起韓愈在〈進學解〉一文中「回
狂瀾於既倒」的名句。胡適寫這樣激烈的書評，他的目標絕不
只是這兩個特定的作者，他毋寧是「項莊舞劍」，目標是整個
的漢學界，他總覺得自己還有維持這一界學術紀律的一些使命
和責任，雖然他所能做的是如此有限。「知其不可而為之」庶
幾可以概括胡適當時的心情。

結　語

五十年代是中國知識分子所經歷最顛沛流離，最困厄窮乏
的一段歲月。大陸、台、港、北美的學者可以說無一例外。由
於國內政局的演變，使許多知名的學者流落海外，精神上的苦
悶，加上物質上的貧乏，即使要活下去都不是一件容易的事。

1953年6月22日，胡適在給楊聯陞的信裡，引了同年6月15

---

20 以上這一節，參看：Hu Shih, review on *Mao Tse-tung: Ruler of Red
   China.* by Robert Payne (New York: Schuman, 1950), in *Freeman*
   (July 2, 1951), pp. 636-39.

日董作賓給胡適的信，最可以看出當時中國學者流落海外的困難處境：

> 去年元任、世驤極力進行拉我到加大，顧立雅也拉我
> 回芝大。今年都不成。我和　先生談過，積蓄快貼完
> 了，靠賣文不能活，賣字無人要，只有靠「美援」，
> 不知　先生有無他法？這是個人私事，人快六十歲
> 了，還是栖栖皇皇，為活著而忙碌不休，可發浩嘆！

據胡適說，信中提到的「美援」是指「中基會」和「哈佛燕京學社」的訪問研究經費。

董作賓是舉世公認的甲骨文專家，在五十年代還不免有「乞食四方」，「累累如喪家犬」的遭遇，不如董作賓的學者文人其際遇之慘就更不必說了。

即使當時有正式教職的學人，由於海外研究環境的不同，在精神上也並不愉快。胡適在1950年5月24日的日記上，摘錄了一段蕭公權的來信：

> 我承華盛頓大學約來任教，並參加「遠東學院」十九
> 世紀中國史的研究工作。到此方知Wittfogel被奉為
> 「大師」。因此研究的方法和觀點都大有問題。如長
> 久留此，精神上恐難愉快。……[21]

看了董作賓、蕭公權這些學者在1950年代的遭遇和感嘆以後，再來看1949年8月16日，胡適在給趙元任的信中，表明他「不願意久居國外」，「更不願意留在國外做教書生活」[22] 的心

21　《胡適的日記》第16冊。

22　《胡適給趙元任的信》，頁29。

情，就有了進一步「同情的理解」。

1955年到1956年，胡適曾兩次在給趙元任的信中說到：他不想向研究漢學的洋人「討飯吃或搶飯吃」，一則因爲這些洋學者在政治上往往是「前進」分子，與胡適「氣味」不合；再則這些洋學者多少有些「怕」像胡適這一類的中國學者[23]。

蕭公權在《問學諫往錄》中，曾不止一次的提到中美學者在研究漢學時不同的方法和取向，他借用楊聯陞的話，很含蓄的指出中美學者的不同是：「中國學者長於搜集史料，美國學者長於論斷史實。」然而美國學者有時過分馳騁他們的想像力，就不免「誤認天上的浮雲爲天際的樹林」了[24]。從蔣、毛的簽字上，就能看出誰之能得天下，豈不正是過分馳騁想像力的最佳說明嗎？

胡適雖然提倡「大膽假設，小心求證」，但他的「歷史癖」與「考據癖」卻是更充分的體現在「小心求證」這一點上。「有幾分證據，說幾分話」的嚴謹態度不允許他有任何超越事實的想像。因此，胡適和當時美國的漢學家又何止是政治上「氣味」不同而已，更不同的是他的治學態度與方法。

1957年7月26日胡適在給趙元任的信中說：他在美國大學的眼裡是個「白象」（white elephant)亦即「大而無用」的意思。接著他說：「我的看法是，我有一個責任，可能留在國內

---

23 《胡適給趙元任的信》，頁89；107。

24 蕭公權，《問學諫往錄》(台北：傳記文學，1972)，頁64；223-224。參看，余英時，〈中國文化的海外媒介〉，收入《錢穆與中國文化》(上海：遠東，1994)，頁173-174。

比留在國外更重要——可能留在國內或者可以使人 "take me more seriously"」。這句英文譯成中文是「他們比較把我當回事」，換言之，他在美國多少覺得 "No one takes me seriously" 亦即「沒人把我當回事」[25]。

　　讀這封信，我感到，胡適當時的心情又何止是「悲涼」而已！

　　1952年12月17日，胡適回到台北，在北大同學歡迎會上講了一段話，並談到了這幾年他在海外的心情：

> 以我幾十年的經驗，我感到青山就是國家。國家倒楣的時候，等於青山不在；青山不在的時候，就是吃自己的飯，說自己的話，都不是容易的事情。我在國外這幾年，正是國家倒楣的時候；我充滿了悲痛的心情，更體驗到青山真正是我們的國家[26]。

我們細看了胡適在葛思德圖書館工作兩年的情形，再讀上引胡適的這一段話，特別能體驗到他所說：「就是吃自己的飯，說自己的話，都不是容易的事情」所體現出來的「悲痛」與暗澹。

25　《胡適給趙元任的信》，頁128。

26　胡適，〈北大同學會歡迎會上講話〉，在《胡適言論集》（乙編）（台北：自由中國社，1953），頁60。

在批判與辯護之間：胡適對中國婚俗的兩種態度

　　胡適在《留學日記》中，不止一次的提到他「執筆報國」，「爲宗國諱」，爲中國的一些風俗制度辯護。在此，我想以胡適對中國婚制的看法來做個「個案研究」。這不但可以看出胡適對這一問題，在面對華洋不同讀者時，有他不同的說詞和不同的處理方式；而且也多少可以看出他在自己婚姻上，所經歷的一段掙扎與妥協。有時我覺得：與其說他爲中國婚制辯護，不如說他爲自己在辯護，爲他自己極不合理的婚姻找出一個理由。

　　胡適在《競業旬報》所發表的文字中，中國傳統婚制是他主要批評的對象之一。而他的批評則集中在早婚、近親結婚及相信陰陽八字等迷信這幾點上。這些批評散見於《真如島》章回小說及〈婚姻篇〉等早期的文字中。

　　就「早婚」這一點，胡適在《真如島》第三回「闢愚頑閒論薄俗，占時日幾諫高堂」中，有頗痛切的指陳。他用故事主角孫紹武的吻說道：

我的志向，本想將來學些本事，能夠在我們中國做些
事務。從小看見人家少年子弟，年紀輕輕的便娶了妻
子，自此以後，便終日纏綿床蓐之間，什麼事都不肯
去做。後來生下兒女，那時一家之中吃飯的人一日一
日的多起來，便不得不去尋些吃飯的行業來做，那還
有工夫來讀什麼書？求什麼學問？（《競業旬報》第六期）

這何嘗只是孫紹武的看法，其實這也就是胡適自己所面臨的難
題。十四歲（1904）就和江冬秀（1890-1975）訂了婚，從此，中
國傳統的婚制就牢牢的套住了這位為個人自由和尊嚴而奮鬥一
生的哲人。「早婚」的威脅成了一個揮之不去的陰影。他批評
「早婚」，是他的一種抗議，為他的拒婚在找「理論基礎」。
在這回小說的結尾，他更臚列了「早婚」種種的壞處：

年少早婚，血統成婚，都是弱種的禍根……早婚則男
女皆不能自主，多有配合不宜，夫妻因而反目，壞處
一。早婚生子亦早，為父母的尚在年幼，不能教育小
兒，壞處二。兒女的強弱，由父母的身體強弱所傳，
早婚生子，父母的身體尚未成熟，生子必弱無疑，以
弱傳弱，弱極必亡，壞處三。求學全在年少，早婚則
萬念紛生，用心不專，壞處四。……

在〈婚姻篇〉中，胡適更是「筆禿口枯」的痛罵中國婚制，指
出許多父母為了早日抱孫，不顧子女前途，糊糊塗塗就急著叫
兒子娶妻生子。他說：「中國男女的終身，一誤於父母之初
心，二誤於媒妁，三誤於算命先生，四誤於土偶木頭。隨隨便
便，便把中國四萬萬人，合成了許許多多的怨偶，造成了無數
不和睦的家族。」他甚至於把「我中國幾千年來，人種一日賤

一日，道德一日墮落一日，體格一日弱似一日」（《競業旬報》第二十五期）都歸罪於這個不合理的婚姻制度。

這樣一個受到胡適如此嚴厲批評的婚姻制度，而且自己又是這個制度下的犧牲者，然而，他在康奈大學求學的時候，卻爲這個制度做過頗熱烈的辯護。在他的《留學日記》中也曾提到這個觀點[1]，但最全面爲中國婚制辯護是他在1914年6月出版的 *Cornell Era* 上所發表的英文文章 "Marriage Customs in China"。這篇文章是新近「出土」的新材料，第一次譯成中文，其中如「早婚」等胡適認爲「罪大惡極」的中國風俗，到了他的英文文章中，竟成了良風美俗了，倒是西洋人的自由戀愛，自主結婚成了頗不堪的社會習俗了。從這一轉變中，我們可以確切的體會到，什麼是胡適所說的「不忍不愛」和「爲宗國諱」了。

中國之婚俗

胡適撰　周質平譯

最近去日本的交換講師漢彌爾頓・梅比博士，曾對有意解釋外國人心態或報導外國事務的人提出過一句格言，應該牢記於心。這句格言是：「既不譏笑，也不痛哭，而是了解。」一

---

1 參見胡適，《胡適留學日記》第一冊，「吾國女子所處地位高於西方女子」（頁154）；「演說吾國婚制」（頁168）。

個不了解外國風俗的人，連讚揚那個風俗都是不夠資格的，更不必說取笑或嗤之以鼻了。我是本著這句格言的精神來談中國的婚俗的。我並不想為這個制度辯護或洗刷它的罪名。我只想指出這個制度合理的地方，藉此能讓讀者對這個制度有更進一步的了解。

一個中國女孩在十三歲到十五歲之間的時候，她的父母和他們的朋友會四處打聽，找個女婿，在經過適當徵詢之後，訂婚在媒人的仲介下舉行。媒人一般來說，是雙方共同的朋友。訂婚通常是由父母安排的，並不一定徵詢男女雙方當事人的意見。即使真的徵求了當事人的意見，當事人，一般來說，都是報以羞赧的同意。

在座諸位會很自然的提出下列問題：為什麼這麼早訂婚？為什麼讓父母來做選擇？在這樣的婚姻裡，可能有真的愛情嗎？

早訂婚有兩大好處：這可以保證青年男女的終身伴侶，因此，他們就不必為了找尋配偶這樣重大的問題而焦慮，而這也正是西方年輕人所經常面對的難題。〔早訂婚〕也可以給年輕人以一種責任感，要他們經常保持忠實而且純潔。

接著我要指出父母在婚姻中代作選擇的理由。第一，一男一女很年輕就訂了婚，如果我們讓一個十三歲的女孩和十五歲的男孩做自由的選擇，那一定是很糟糕的。我們相信父母的生活經驗比〔當事人〕多，所以也更有資格來做這個選擇。再說，我們相信所有的父母都愛他們的孩子並希望他們幸福。在這樣一件攸關孩子終身幸福的重大問題上，他們一定會運用最好的判斷〔來做出選擇〕。

第二，這個制度可以使年輕人免於求婚時一種尷尬的折磨。在我想像中，這一定是一件令人極為難堪的事。

第三，父母之命保全一個女人的尊嚴、節操和謙遜，一個年輕的〔中國〕女子不必暴身於婚姻市場，可以不受她的西方姐妹所需經受男子的粗暴，並在這樣〔粗暴的男子〕之中，選擇他們將來的丈夫。中國女子不必用取悅，或打情罵俏來獵取她的丈夫。

第四，新婚的夫婦並不另組新家庭，而是兒子將媳婦帶回家與父母同住。媳婦不只是她丈夫的終身伴侶，也是公婆的幫手和慰安者。所以，媳婦不只是一個丈夫所愛的人，同時也應該能與公婆和睦相處，這是符合整個家庭利益的。

今日在西方已經開始認識到：婚姻不再只是個人的事，而是有著社會意義的這個事實，因此發起了優生學的大運動，主張由國家干涉婚姻，並立法要求雙方〔出示〕健康證明和家庭記錄。這遠比父母之命要獨裁的多，然而，在社會功能的基礎上，竟被視為合理。這正如同你們有感於婚姻有其社會意義，而把優生法也合理化了。中國婚姻制度的合理性也正是建立在婚姻不只是小倆口兒的事，也是整個家庭的事。

現在讓我來回答：「在這樣的婚姻裡，可能有真的愛情嗎？」我們的回答是：「毫無疑問是可能的。」我見過許多相互扶持極為愛敬的夫婦，所以我對愛情只能來自浪漫的說法，是持批評的態度。我的結論是：西方婚姻中的愛情是自發的；而我們婚制中的愛情則是來自名分。

1914年2月16日《獨立報》上有柯拉·海瑞斯的一段話，我將它引在此處：

> 婚姻是一個奇蹟，是愛情的一種最高的展現。使一男
> 一女合為一體，這是透過神聖的信念，而達成的終身
> 關係。婚姻是男女雙方生命中的聖殿，必不容外在世
> 界的干擾。

這也許代表了我所說「自發的愛情」詩意的看法。然而，對我
來說，還有另外一種愛情———一種來自名分的愛情。

一個中國女子訂婚的時候，她知道他是她將來的丈夫，而
夫婦之間是應該互相扶持對方的，她很自然的就待他以情愛。
這種愛情，最初是想像的，漸漸的發展成了一種真實的關切與
愛情。

真正的性關係從婚後才開始。男女雙方都知道他們現在是
夫婦了。也正因為如此，愛對方不但是責任，也是對雙方都有
好處的。他們的性情、品味和人生哲學也許不同，但他們認識
到他們若不磨掉一些各自的稜角是無法生活在一起的，他們必
須妥協。引用一個在此地受過教育的中國女子的一句話：「大
家都相當將就對方。」就在這樣的情況下，一種絕非不健康的真
實愛情就漸漸的成長了。（*Cornell Era*, June 1914. pp.610-611）[2]

看了胡適這篇英文文章，我們或許會誤以為，他已欣然接
受了「父母之命」，而且大受其惠。然而，我們看看他婚後不
到半年寫給胡近仁的信，就能體會到傳統婚制所帶給他的悲哀

---

2 這篇文章收入 *The Hu Shih Papers at Cornell: 1910-1963*, Collected
　and Microfilmed in 1990. Photo Services B-27 Day Hall, Cornell
　University. Ithaca New York 14853.

和痛苦：

> 吾之就此婚事，全為吾母起見，故從不曾挑剔為難
> （若不為此，吾決不就此婚，此意但可為足下道，不
> 足為外人言也）。今既婚矣，吾力求遷就，以博吾母歡
> 心。吾所以表示閨房之愛者，亦正欲令吾母歡喜耳[3]。

看了這封信，再看看他婚後不久所寫〈一個問題〉和〈終身大
事〉等批判中國婚制和家庭的小說和短劇[4]。我們不得不說他
在康奈爾大學所寫〈中國之婚俗〉這類文章，只是在「宣揚中
華文化」，所謂「執筆報國」、「為宗國諱」，說穿了也無非
就是為中國遮醜。要找胡適對中國婚制的由衷之言，還得在中
文著作中找。

　　胡適這種在英文著作中對中國婚制模稜的態度，就他「為
宗國諱」的用心而言，我們是可以理解的。但這樣坦護舊制
度，卻也不免使他立場失之曖昧。錢玄同在一封1918年的信
中，就曾提到過這一點：

> 老兄的思想，我原是很佩服的。然而卻有一點不以為
> 然之處：即對於千年積腐的舊社會，未免太同他周旋
> 了。平日對外的言論，很該旗幟鮮明……[5]。

胡適對中國婚制的態度，在錢玄同看來，就太不「鮮明」了。

---

3 胡適：《胡適家書手稿》（安徽美術出版社，1989），頁59。

4 〈一個問題〉、〈終身大事〉收入《胡適文存》第一集（台北：遠
　東，1968），頁805-827。

5 《胡適來往書信選》（香港：中華，1983），上冊，頁13。

　　胡適留學時代的一位女朋友陳衡哲，對胡適這種迴護舊婚制的態度，雖沒有直接的批評過，但從她1935年在《獨立評論》145號上所發表的〈父母之命與自由結婚〉的一篇文章中，可以看出：她基本上是不支持胡適看法的。

　　陳衡哲是明白主張自由婚姻的，並且也曾謠傳她和胡適有過一段戀情[6]，我們細看她的這篇文字，不能不懷疑，她寫這篇文章時，心中是不是浮現著胡適和他的婚姻。胡適的〈中國之婚俗〉發表在1914年，而陳衡哲的文章則寫於1935年，雖事隔二十一年，但陳的文章卻似乎隱然是胡文的回應。

　　陳衡哲以一個曾受西化教育的當代「新女性」，對舊婚制提出了不妥協的抗議。她說，對一個「新女子」而言，「是不以離婚為奇恥大辱的」。她接著說：

> 她和她的丈夫所引以為恥的，是一個沒有愛情的同居，而不是離婚，雖然離婚也是一件不幸的事。他們寧願坦白的承認婚姻的失敗，而不願「屎蜣螂戴花」似的把失敗掩藏起來，自己叫美。

至於胡適所說「來自名分的愛情」，我們可以與陳衡哲下面的這段話對看：

> 說一個男的或是女的，和一個陌生的異性同居一晚之後，便算終身的感情有了歸宿，這未免有點把一個人的靈魂看得太不值錢了吧。

---

6 第一次提到胡適與陳衡哲可能有過戀情的報導見1934年4月20日第26期的《十日談》，象恭所寫〈陳衡哲與胡適〉。此文收入李敖，《胡適與我》（台北；李敖出版社，1990），頁36-37。

胡適在〈中國之婚俗〉一文中，曾指出找尋終身伴侶是「西方年輕人所經常面對的難題」，他們為此而感到「焦慮」。在陳文中，有如下一段：

> 有些人或者以為自由結婚乃是現代青年種種苦悶的淵
> 源，這也是一種似是而非的論調……

接著她說，即使青年真因為自由婚姻而感到苦悶，我們也不能因此「回去提倡『父母之命，媒妁之言』」。當然，胡適絕不能是「回去提倡『父母之命，媒妁之言』」，而只是在洋人面前為中國的婚俗作些辯護。但陳衡哲在她文章結尾指出，一個負社會重望的人，他的言論要特別謹慎。頗有可取的意見：

> 社會上領袖們對於某一件事，某一個制度的提倡，是
> 都有嚴重的影響的；尤其是對於某一種舊勢力的提
> 倡，更是含有絕大的危險……我們只須睜開眼睛向社
> 會看一看，看一看青年們的逃婚與拒婚，以及因此而
> 自殺或變為瘋狂的新聞與事實，便知道這是怎樣嚴重
> 的一個問題了。到了這個地步，那隻「父母之命」的
> 紙老虎也就喪失了他的尊嚴，只剩得一口血牙，四隻
> 毒抓，在那裡恐嚇著膽小的人。

胡適絕不是陳衡哲所說「膽小的人」，然而，他為舊婚制辯護的這些言論，在當時若落入了舊派人物的手中，是很能為這個不合理的制度助長許多威風的。換句話說，胡適為「宗國諱」的用心，固然有他可敬可愛的地方，但若諱其所不該諱，就很可能混淆了是非，成了愛之適足以害之的局面了。

胡適的婚姻，一般說來，是受到社會極度讚揚和肯定的。胡適在1921年8月30日的日記中，對自己的婚姻有比較全面的

剖白。這是一段他與高夢旦之間的談話：

> 他談起我的婚事，他說許多舊人都恭維我不背舊婚
> 約，是一件最可佩服的事！他說，他的敬重我，這也
> 是一個原因。我問他，這一件事有什麼難能可貴之
> 處？他說，這是一件大犧牲。我說，我生平做的事，
> 沒有一件比這件最討便宜的了，有什麼大犧牲？他問
> 我何以最討便宜。我說，當初我並不曾準備什麼犧
> 牲，我不過心裡不忍傷幾個人的心罷了。假如我那時
> 忍心毀約，使這幾個人終身痛苦，我的良心上的責
> 備，必然比什麼痛苦都難受。其實我家庭裡並沒有什
> 麼大過不去的地方。這已是佔便宜了。最佔便宜的，
> 是社會上對於此事的過分贊許；這種精神上的反應，
> 真是意外的便宜。我是不怕人罵的，我也不曾求人贊
> 許，我不過行吾心之所安罷了，而覺得這種意外的過
> 分報酬，豈不是最便宜的事嗎？若此事可算犧牲，誰
> 不肯犧牲呢[7]？

我在〈吹不散的心頭人影〉一文中，有如下一段話，可以爲上
引的一段話作一注腳：

> 說到胡適的婚姻，我們常為胡適抱不平，覺得他是新
> 時代中，舊禮教之下的犧牲者。然而他因此而樹立起
> 來的「道德形象」，又何嘗不是受賜於舊禮教呢[8]？

---

7 《胡適的日記》（香港：中華，1985），頁119-200。

8 周質平，〈吹不散的心頭人影〉，在《胡適叢論》（台北：三民，
  1992），頁249。

這裡必須指出的是：胡適之所以能令新舊兩派都「敬重」的一點，正是他在婚姻上那點「不忍」之心。這點「不忍」的背後有多少關愛、容忍和體貼！但他對中國婚制曖昧的態度，也確實有他可商議的地方。陳衡哲的文章為我們提供了一個新的觀點，是值得深思的。

胡適與韋蓮司：深情五十年

1998年6月初版　　　　　　　　　　　　　　　　定價：新臺幣380元
2000年7月初版第二刷
2020年12月二版
有著作權・翻印必究
Printed in Taiwan.

著　　　者	周	質	平
責任編輯	吳	興	文
	鄭	秀	蓮

出　版　者	聯經出版事業股份有限公司	副總編輯	陳	逸	華
地　　　址	新北市汐止區大同路一段369號1樓	總編輯	涂	豐	恩
叢書主編電話	(02)86925588轉5305	總經理	陳	芝	宇
台北聯經書房	台北市新生南路三段94號	社　長	羅	國	俊
電　　　話	(02)23620308	發行人	林	載	爵
台中分公司	台中市北區崇德路一段198號
暨門市電話	(04)22312023
台中電子信箱	e-mail：linking2@ms42.hinet.net
郵政劃撥帳戶第	0100559-3號
郵撥電話	(02)23620308
印　刷　者	世和印製企業有限公司
總　經　銷	聯合發行股份有限公司
發　行　所	新北市新店區寶橋路235巷6弄6號2F
電　　　話	(02)29178022

行政院新聞局出版事業登記證局版臺業字第0130號

本書如有缺頁，破損，倒裝請寄回台北聯經書房更換。　　ISBN　978-957-08-5649-1 (平裝)
聯經網址 http://www.linkingbooks.com.tw
電子信箱 e-mail:linking@udngroup.com

國家圖書館出版品預行編目資料

胡適與韋蓮司：深情五十年/ 周質平著 .
二版 . 新北市 . 聯經 . 2020.12 . 256面 . 14.8×21公分 .
ISBN 978-957-08-5649-1（平裝）
[2020年12月二版]

1.胡適 2.學術思想 3.臺灣傳記

783.3886　　　　　　　　　　　　109017194